TOWARDS A NEW THEATRE 🍃 VERS UN THÉÂTRE NOUVEAU

EDWARD GORDON CRAIG & HAMLET

🍃 🍃 🍃 🍃 🍃 🍃 BRIAN ARNOTT 🍃 🍃 🍃 🍃 🍃 🍃

A circulating exhibition organized by Brian Arnott for the National 🍃 🍃 Programme of the National Gallery of Canada 🍃 Ottawa 🍃 🍃 🍃

Une exposition itinérante organisée par Brian Arnott pour le Programme 🍃 national de la Galerie nationale du 🍃 Canada 🍃 Ottawa 🍃 🍃 🍃

THE NATIONAL GALLERY OF CANADA
A NATIONAL MUSEUM OF CANADA

GALERIE NATIONALE DU CANADA
UN DES MUSÉES NATIONAUX DU CANADA

OTTAWA, 1975

©THE NATIONAL GALLERY OF CANADA FOR THE CORPORATION OF THE NATIONAL MUSEUMS OF CANADA, OTTAWA, 1975

TRADUCTION FRANÇAISE ©GALERIE NATIONALE DU CANADA/POUR LA CORPORATION DES MUSÉES NATIONAUX DU CANADA, OTTAWA, 1975

ISBN 0-88884-305-4

ALL RIGHTS RESERVED

TOUS DROITS RÉSERVÉS

The use of any part of this publication reproduced, transmitted in any form or by any means, electronic, mechanical, photocopying, recording, or otherwise, or stored in a retrieval system, without the prior consent of the publisher is an infringement of copyright law, chapter C – 30, R.S.C., 1970.

The Chimera – «an illusive fabrication of the mind, an unrealizable dream» – used on the cover and title page is a woodcut by Gordon Craig made in 1908; it was used as the logo for his monthly magazine *The Mask*. The bookplate used on this page is Craig's personal bookplate and is one of many he designed and cut for friends and associates. In 1900 he published *Bookplates*, a collection of some of the bookplates he had cut up to that time.

Tous droits de traduction et d'adaptation en totalité ou en partie, réservés pour tous les pays. La reproduction d'un extrait quelconque de ce livre, par quelque procédé que ce soit, tant électronique que mécanique, en particulier par photocopie, microfilm, bande magnétique, disque ou autre, sans le consentement du propriétaire du droit constitue une contrefaçon passible des peines prévues par la loi sur le droit d'auteur, chapitre C – 30, S.R.C., 1970.

La Chimère – «fabrication illusoire de l'esprit, rêve irréalisable» – reproduite sur la couverture et la page de titre, est une gravure sur bois exécutée par Gordon Craig en 1908; c'était le sigle de la revue mensuelle de Craig, *The Mask*. L'ex-libris apparaissant sur cette page est l'ex-libris personnel de Craig et figure parmi les nombreux qu'il dessina et grava pour ses amis et associés. En 1900, Craig publia *Bookplates*, un recueil d'ex-libris qu'il avait alors gravés.

Obtainable from:
National Museums of Canada,
Marketing Services Division,
491 Bank Street, Ottawa, Ontario K1A 0M8

Diffusé par les
Musées nationaux du Canada,
division du marketing
491, rue Bank, Ottawa, Ontario K1A 0M8

PRINTED IN CANADA IMPRIMÉ AU CANADA

TABLE OF CONTENTS ✒ TABLE DES MATIÈRES

Preface	4	Préface
Acknowledgements	7	Remerciements
Introduction: Edward Gordon Craig	9	Introduction: Edward Gordon Craig
The Young Prince	10 ✒ 11	Le jeune prince
First steps towards a new theatre	12	Premiers pas vers un théâtre nouveau
Theatre of mood and movement	16	Théâtre d'expression et de mouvement
Towards a kinetic theatre	17	Vers un théâtre cinétique
The art of the theatre advancing	20 ✒ 21	L'art du théâtre en marche
Scene	28	Dispositif de scène
One thousand scenes in one scene	33	Mille dispositifs de scène en un
The Moscow *Hamlet*	35	Le *Hamlet* de Moscou
Black figures	47	Figures noires
Chronology	55	Chronologie
Bibliography	59	Bibliographie

PREFACE 🍃 🍃 🍃 🍃 PRÉFACE 🍃 🍃 🍃 🍃

While working in Great Britain at the National Theatre and the Royal Shakespeare Company, Brian Arnott became aware of the work of the theatre scenic designer and theorist Edward Gordon Craig. Concerned that the work of this designer and his influence on modern theatre was too little known, and aware of the small group of works of Craig in the collection of the National Gallery of Canada, Mr Arnott suggested an exhibition to the Gallery which would be based upon its own works and works borrowed from important collections throughout the world. If funds had not been an inevitable consideration in 1974, and if some of the work had not been so fragile that it was difficult to borrow for the extended loan of a touring exhibition, the objects and the installation of the exhibition *Towards a New Theatre: Edward Gordon Craig & Hamlet* would have been much more lavish in Mr Arnott's ideal exhibition. Nevertheless he agreed to work for the Gallery under contract to make the selection, to give advice on the installation, and to write this book published by the Gallery in connection with the exhibition.

The National Gallery is always pleased at the prospect of working with other Canadians. Mr Arnott not only brought to this project his background in the theatre but a breadth of Canadian experience, including his study at Bishop's University, Quebec, and at the Universities of British Columbia and Alberta; his work in theatres in Vancouver, Edmonton, and Toronto; and his most recent project – the restoration of Victoria Hall in Petrolia, Ontario.

Au cours de ses travaux en Grande Bretagne, au National Theatre et à la Royal Shakespeare Company, Brian Arnott découvrit l'œuvre du décorateur et théoricien de théâtre, Edward Gordon Craig. C'est alors qu'il réalisa le peu de diffusion qu'avait connue l'œuvre et l'influence de Craig sur le théâtre moderne. Sachant que la Galerie nationale du Canada possédait un petit groupe d'œuvres de Craig, M. Arnott suggéra alors à celle-ci de monter une exposition qui s'appuierait sur les œuvres qu'elle possède déjà et d'œuvres tirées d'importantes collections à travers le monde. M. Arnott, s'il avait pu suivre son rêve, aurait présenté dans son exposition *Vers un théâtre nouveau: Edward Gordon Craig & Hamlet* des pièces bien plus nombreuses selon une disposition beaucoup plus somptueuse, mais, hélas, en 1974, on ne pouvait faire fi des considérations financières; d'autre part, certaines pièces sont si fragiles qu'il est difficile de les emprunter pour toute la durée d'une exposition itinérante. Pourtant, M. Arnott a accepté de signer un contrat avec la Galerie pour procéder à la sélection des œuvres, donner des conseils sur leur installation et écrire ce livre publié par la Galerie en rapport avec l'exposition.

La Galerie nationale se plaît toujours à la perspective de travailler avec des Canadiens. D'ailleurs, M. Arnott n'apporte pas seulement son expérience du théâtre, mais aussi une vaste connaissance du Canada puisqu'il a fait ses études à l'université Bishop, au Québec, et aux universités de la Colombie-Britannique et de l'Alberta. Il a aussi travaillé dans des théâtres de Vancouver, Edmonton et Toronto et tout dernièrement, il a restauré le Victoria Hall de Petrolia en Ontario.

For this exhibition *Towards a New Theatre: Edward Gordon Craig & Hamlet*, Mr Arnott received the closest cooperation at the Gallery from Richard Graburn, Head of the National Programme; Mary C. Taylor, Curator of Drawings; and John Macgillivray, Chief Installations Officer. Nevertheless the project was completely his own.

In addition to acknowledging Mr Arnott's contributions, the Gallery would like to thank the many lenders for their loans of Craig memorabilia for the exhibition which will be enjoyed by many Canadians as the exhibition tours the country.

Pour cette exposition, *Vers un théâtre nouveau: Edward Gordon Craig & Hamlet*, M. Arnott a reçu, à la Galerie, l'étroite collaboration de M. Richard Graburn, chef du Programme national; Mme Mary C. Taylor, conservatrice des dessins et M. John Macgillivray, chef des installations. Pourtant, c'est à M. Arnott que revient tout le mérite de l'entreprise.

En plus d'exprimer sa reconnaissance à M. Arnott, la Galerie désire remercier toutes les personnes qui ont prêté des œuvres de Craig en vue de cette exposition que de nombreux Canadiens pourront apprécier au cours de sa tournée nationale.

La directrice
JEAN
SUTHERLAND
BOGGS
Director

ACKNOWLEDGEMENTS / REMERCIEMENTS

I WOULD like to express my gratitude to the following individuals and institutions who have generously provided materials for this exhibition and to those who so freely offered me both assistance and advice: the late Mr Donald Oenslager, New York; Mr Brooke Whiting, University Research Library, University of California at Los Angeles; Mlle Cécile Giteau, Bibliothèque nationale, Paris; Herr Adolph Furst, Berlin; Miss Jeanne T. Newlin, Harvard College Library, Cambridge, Massachusetts; Mr Dewey F. Pruett, John Willard Brister Library, Memphis State University, Memphis, Tennessee; Mr George Nash, Victoria and Albert Museum, London; Miss Berenice Goodman and Mr Peter R. Fozzard, London; Mr Hal Burton, London.

Thanks is also due to Mr H. E. Robert Craig, executor of the Edward Gordon Craig Estate, for his cooperation in securing the release of many of the items which appear in this exhibition.

A special debt of thanks is owed to two individuals whose influence looms large in this exhibition: Professor Arnold Rood of New York, for his generosity in the loan of both research and exhibition materials, for his unfailing kindness and encouragement, and for sharing his profound understanding of Craig and his work; and Mr Edward A. Craig of Bledlow, UK, for his gracious and patient guidance, for the loan of materials related to the Moscow *Hamlet*, and above all, for the years of devoted research which culminated in his remarkable biography *Gordon Craig: The Story of His Life*, a book for which theatre scholars and practitioners the world over have expressed their appreciation and gratitude.

J'EXPRIME toute ma gratitude aux personnes et établissements qui ont généreusement fourni les pièces de cette exposition et à tous ceux qui m'ont si gracieusement offert leur aide et leurs conseils: feu M. Donald Oenslager, New York; M. Brooke Whiting, University Research Library, University of California à Los Angeles; Mlle Cécile Giteau, Bibliothèque nationale, Paris; M. Adolph Furst, Berlin; Mlle Jeanne T. Newlin, Harvard College Library, Cambridge (Massachusetts); M. Dewey F. Pruett, John Willard Brister Library, Memphis State University, Memphis (Tennessee); M. George Nash, Victoria and Albert Museum, Londres; Mlle Berenice Goodman et M. Peter R. Fozzard, Londres; M. Hal Burton, Londres.

Je remercie également M. H. E. Robert Craig, exécuteur testamentaire de la succession Edward Gordon Craig, pour toutes les démarches qu'il a bien voulu faire afin d'obtenir certaines des pièces présentées ici.

J'adresse particulièrement ma reconnaissance à deux personnes dont l'influence se fait grandement sentir dans cette exposition: le professeur Arnold Rood, de New York, qui a généreusement prêté des documents de recherche et des pièces d'exposition, partagé sa compréhension profonde de Craig et de son œuvre et manifesté bienveillance et encouragement; et M. Edward A. Craig, de Bedlow (Royaume-Uni), pour ses conseils judicieux et indulgents, pour le prêt de documents relatifs au *Hamlet* de Moscou, et surtout pour les années de recherche consacrées à sa remarquable biographie intitulée *Gordon Craig: The Story of His Life*, ouvrage pour lequel spécialistes de l'art dramatique et hommes de théâtre du monde entier ont exprimé intérêt et reconnaissance.

BRIAN ARNOTT

EDWARD GORDON CRAIG

THE production of *Hamlet* which Edward Gordon Craig and Constantin Stanislavsky created at the Moscow Art Theatre in 1912 is the work for which Craig is generally best known. But this production is also the work for which Craig has been most widely criticized, especially for the fact that his system of screens proved awkward and difficult to handle.

While it is fair to say that Craig's screens were something less than an unqualified success in practice, it is also true that they were revolutionary in concept. What is more important is the fact that these screens were a compromise form of a vision of a totally new kind of theatre, a kinetic theatre, which Craig had developed in the years prior to the Moscow *Hamlet*.

In order to make a fair and proper assessment of the Moscow *Hamlet* it is necessary to see this production as inseparable from Craig's overall preoccupation and development in the theatre prior to 1912. A great many influences in Craig's personal and professional life led him to the stage of the Moscow Art Theatre, and important among these were his experiences as an actor in Henry Irving's Lyceum Theatre Company, his own revolutionary productions with the Purcell Operatic Society, his journey to Germany and subsequent association with Isadora Duncan, his development as an inspiring theoretical writer and founder of the first *avant-garde* theatre journal, and his establishment in Italy of a full-time experimental studio-workshop which later became Craig's school for «art of the theatre.»

In 1908, early in the period of his experimental work, Stanislavsky's invitation to Craig to come to Moscow reached Craig in Florence. Craig was then thirty-six years old and he had had twenty years direct experience

LA production de *Hamlet* créée par Edward Gordon Craig et Constantin Stanislavski au Théâtre d'art de Moscou en 1912 est l'œuvre par laquelle Craig est aujourd'hui reconnu. Mais cette production est aussi l'œuvre de Craig qui a été la plus critiquée, spécialement à cause de son système de paravents qui fut jugé embarrassant et difficile à manier.

Bien qu'il soit juste de dire que l'utilisation de paravents par Craig ne fut pas un succès, il est vrai que le concept en était un révolutionnaire. Ce qui est le plus important est le fait que les paravents étaient une forme de compromis d'une vision d'un tout nouveau théâtre, un théâtre cinétique, développé par Craig au cours des années qui ont précédé le *Hamlet* de Moscou.

Afin de faire une évaluation juste et appropriée du *Hamlet* de Moscou, il est nécessaire de voir cette production formant un tout avec les préoccupations et le développement de la conception théâtrale de Craig avant 1912. Nombreuses sont les influences dans sa vie personnelle et professionnelle qui ont mené Craig sur la scène du Théâtre d'art de Moscou. Parmi celles-ci, nous retrouvons ses expériences comme acteur avec la Lyceum Theatre Company de Henry Irving, ses productions révolutionnaires avec la Purcell Operatic Society, son séjour en Allemagne et son association avec Isadora Duncan, son développement en un théoricien influent et la fondation du premier journal avant-gardiste de théâtre et l'établissement, en Italie, d'un studio-atelier expérimental permanent qui devint son école pour l'art du théâtre.

Stanislavski invita Craig à Moscou en 1908, alors que ce dernier se trouvait à Florence au début de la période de son travail expérimental. Craig était âgé de trente-six ans et avait déjà vingt-cinq ans de métier au théâtre en tant

fig. 1
Edward Gordon Craig as Hamlet, c. 1895
Bibliothèque nationale, Paris

Edward Gordon Craig dans le rôle de Hamlet, vers 1895
Bibliothèque nationale, Paris

fig. 2
Ellen Terry, c. 1870
Arnold Rood
Collection

Ellen Terry, vers 1870
Collection Arnold Rood

fig. 3
Henry Irving, 1902
Arnold Rood
Collection

Henry Irving, 1902
Collection
Arnold Rood

in the theatre as an actor, director, designer, theoretician, and writer. The impact of his influence on theatre in Europe and America was already quite apparent.

THE YOUNG PRINCE

Craig's acquaintance with the world of the theatre began when he was a child. Through his mother, the great Victorian actress Ellen Terry (1847–1928), Craig knew Shakespeare as a household word and was familiar at an early age with speeches, scenes, and stories from the great Shakespearean dramas. By the time Craig was seven, his mother had played a number of Shakespearean roles, including Ophelia in Henry Irving's «superb and revolutionary» revival of *Hamlet* in 1879.

The first nine years of Craig's own long life in the theatre were spent as an actor with Henry Irving's Lyceum Theatre Company where he played a great variety of leading roles, including many with his mother. When he was not required to play for Irving, Craig often took roles with other companies and, by the time he had decided to give up acting in 1897, he had played a great variety of parts, including the role of Hamlet for five different companies. Craig's decision to give up acting was an event which caused his mother later to write, «I have good reason to be proud of what he has done since, but I regret the lost actor *always*.»[1]

Although Craig was not actively involved in theatrical production during the years 1898 and 1899, he never stopped thinking about the theatre, nor did he for the rest of his life. *Hamlet* was a recurring theme in Craig's life. He was involved with only one other *Hamlet* production after playing the title role at the Olympic Theatre, London, in 1897, but the drama of the Prince of Denmark was forever on his mind and he made notes and designs for it often.

Apart from having acquired a sound schooling in Shakespeare and having observed

---

[1] Janet Leeper, *Edward Gordon Craig: Designs for the Theatre*, p. 6.

qu'acteur, directeur, décorateur, théoricien et écrivain. L'impact de son influence sur le théâtre en Europe et en Amérique était déjà très visible.

LE JEUNE PRINCE

Craig connu le monde du théâtre alors qu'il était encore enfant. Par sa mère, la grande actrice victorienne Ellen Terry (1847–1928), Craig connut très jeune les discours, scènes et histoires des grands drames shakespeariens. Avant qu'il ait sept ans, sa mère avait déjà joué un certain nombre de rôles shakespeariens, dont Ophélie dans la version «superbe et révolutionnaire» d'*Hamlet* qu'avait repris Henry Irving en 1879.

Craig passe les neuf premières années de sa longue carrière théâtrale à la Lyceum Theatre Company de Henry Irving, où il interprète une grande variété de premiers rôles dont plusieurs avec sa mère. Quand il ne joue pas pour Irving, il accepte souvent des rôles avec d'autres troupes et, lorsqu'il décide d'abandonner le jeu dramatique en 1897, Craig a déjà incarné *Hamlet* pour cinq troupes différentes. Sa décision de quitter le jeu dramatique fut un événement dont sa mère écrira plus tard: «J'ai de bonnes raisons d'être fière de ce qu'il fait depuis, mais je regretterai *toujours* la perte de cet acteur[1].»

Bien que Craig ne participe pas activement à des productions théâtrales au cours des années 1898 et 1899, il ne cesse jamais de penser au théâtre; ni du reste de sa vie, d'ailleurs. Il en est ainsi d'*Hamlet*. Craig ne prend part qu'à une autre production d'*Hamlet* après avoir joué le rôle-titre à l'Olympic Theatre de Londres en 1897, mais le drame du prince de Danemark hante son esprit, et il rédige souvent notes et plans à ce sujet.

Outre ses études shakespeariennes sérieuses et son observation attentive de l'exemple dévoué et discipliné d'Henry Irving, Craig apprend à connaître intimement une tradition théâtrale au cours des années qu'il passe au

fig. 4
Ellen Terry and Edward Gordon Craig in The Dead Heart, 1889
Arnold Rood Collection

Ellen Terry et Edward Gordon Craig dans The Dead Heart, 1889
Collection Arnold Rood

---

[1] Janet Leeper: *Edward Gordon Craig: Designs for the Theatre*, p. 6.

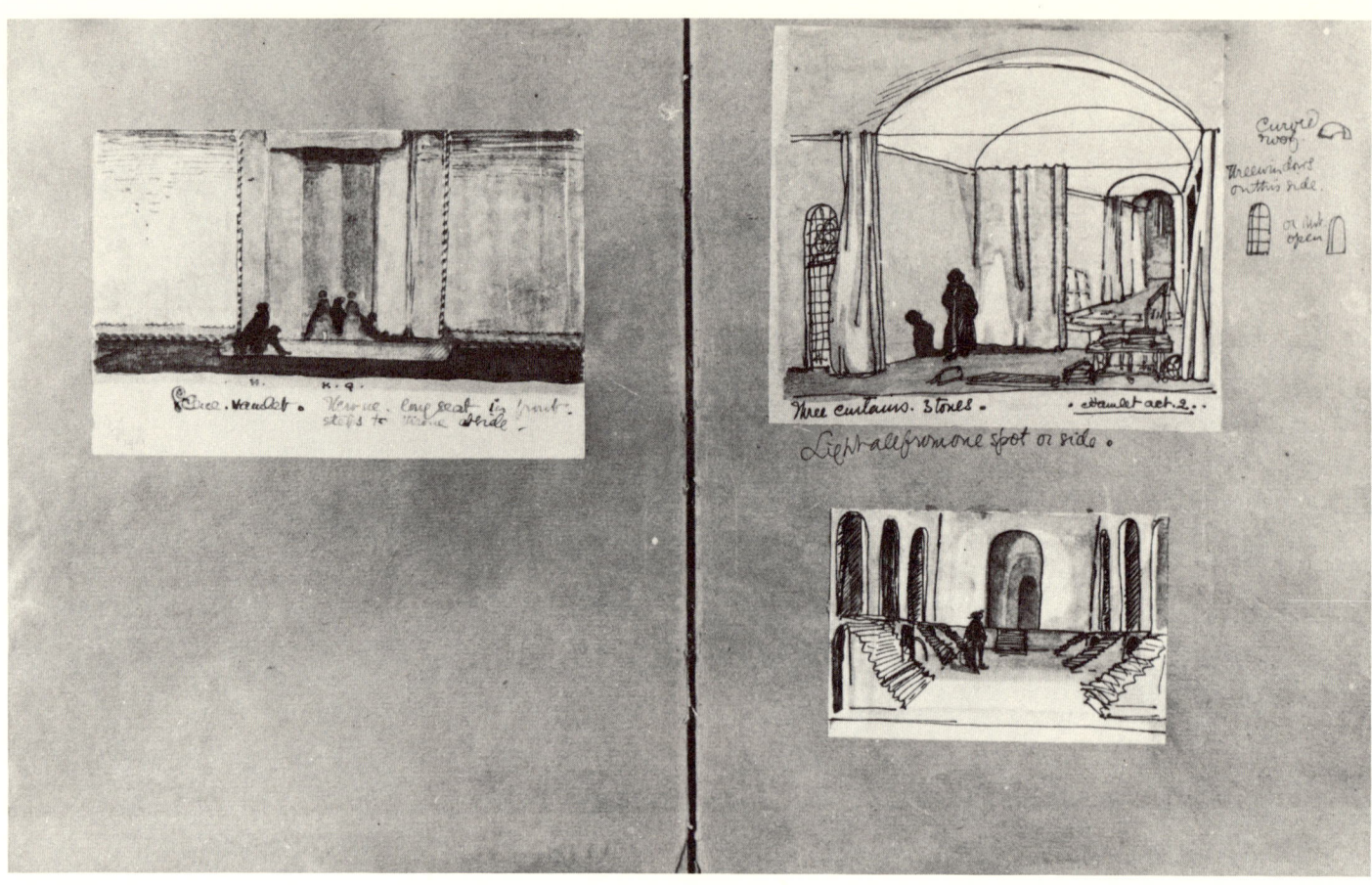

fig. 5
Three scenes for Hamlet, drawings 1901
Bibliothèque nationale, Paris

Trois scènes pour Hamlet (dessins) 1901
Bibliothèque nationale, Paris

closely the dedicated and disciplined example of Henry Irving, Craig also learned thoroughly contemporary staging tradition during his years at the Lyceum. It was this tradition he was to revolutionize. Craig's own revolution did not materialize until three years after he had left the Lyceum but its first stirrings had occurred much earlier.

FIRST STEPS TOWARDS A NEW THEATRE
Craig began to see the shortcomings of Irving's gas-lit, romantic, two-dimensional settings when he attended a lecture on «Scenic Art» given by the artist Hubert von Herkomer in 1892. Herkomer made a number of practical observations about contemporary theatre practice which Craig was quick to note and absorb. Herkomer noted that the angle of viewing the stage from the upper balconies of most theatres made the actors appear grotesquely

Lyceum. La révolution de Craig ne se concrétise que trois ans après son départ du Lyceum, mais les premières manifestations étaient apparentes beaucoup plus tôt.

PREMIERS PAS VERS UN THÉÂTRE NOUVEAU
Craig constate pour la première fois les défauts des décors à deux dimensions, romantiques, éclairés au gaz, d'Irving lorsqu'il assiste à une conférence sur «l'art scénique» que donne l'artiste Hubert von Herkomer en 1892. Herkomer fait au sujet du théâtre contemporain des remarques pratiques que Craig s'empresse de noter. Herkomer s'oppose à l'angle de vision du plateau offert à partir des balcons de la plupart des théâtres parce qu'il donne aux comédiens une apparence grotesquement raccourcie; il fait remarquer que la rampe projette des ombres artificielles sur le visage des acteurs; il

foreshortened. In addition, the footlights cast unnatural shadows on the actors' faces. Herkomer questioned raising the curtain as it showed the actors' feet first; he recommended that the curtain be opened from the centre. Herkomer was also a skilled advocate of electric light; he decried the flat and lifeless quality of contemporary painted scenery and, as an alternative, demonstrated atmospheric effects which he achieved using electric lights, lantern slides, and gauzes. But Herkomer's intent was to create a larger more three-dimensional naturalistic effect than he was able to achieve in his paintings. Craig was attracted not so much to Herkomer's ends as to his means.

About 1893, Craig's interest began to drift beyond acting when he met the painters James Pryde and William Nicholson. These two, whose work together was ascribed to «The Beggarstaff Brothers,» channelled Craig's natural talent for drawing into wood engraving. The medium appealed to Craig enormously as it involved cutting white areas into a solid background and was, therefore, analogous to introducing light onto a darkened stage. At the same time, Craig began to take an interest in stage management—what we in North America call directing—and in this role he had staged Alfred de Musset's *No Trifling with Love* in 1893, no doubt modelling himself on Irving and the production on Irving's style of historical and archaeological accuracy.

Another occurrence which seems to have precipitated Craig's revolution against the staging practices of his day was his association, begun by a chance meeting in 1897, with the musician Martin Fallis Shaw (1875–1958). Through Shaw, Craig came to have a much different attitude toward music than the one which he acquired from his days at the Lyceum where passages of great, and not so great, music were frequently appropriated by Irving for reinforcement of the dramatic action. Martin Shaw introduced Craig to the music of J. S. Bach, and one day, while he was improvising a fully orchestrated *Saint Matthew Passion* on the piano, Shaw made Craig see how the story of the Passion was developed by the moods of the

remet en question la levée du rideau qui laisse d'abord voir les pieds des comédiens et recommande de tirer plutôt le rideau à partir du milieu. Herkomer prône également l'utilisation de la lumière électrique qu'il connait bien; il décrie la platitude et l'immobilité des paysages contemporains peints et propose en revanche des effets d'atmosphère obtenus au moyen de lumières électriques, de projections et d'écrans de gaze. Mais l'intention d'Herkomer est de produire un effet naturaliste plus vaste et plus tridimensionnel qu'il ne peut le faire dans ses peintures. Craig n'est pas tant attiré par les buts que poursuit Herkomer que par les moyens qu'il emploie.

Vers 1893, les intérêts de Craig se portent au delà du théâtre lorsqu'il rencontre les peintres James Pryde et William Nicholson. Ces deux artistes, qui signent leurs œuvres communes «The Beggarstaff Brothers», orientent le talent naturel de Craig pour le dessin vers la gravure sur bois. Ce médium plait énormément à Craig car il s'agit de découper des surfaces blanches dans un volume plein, ce qui ressemble à l'introduction de la lumière sur un plateau sombre. C'est à cette époque également que Craig commence à s'intéresser à la «direction de plateau» ou mise en scène. Dans ce rôle, Craig monte *On ne badine pas avec l'amour* d'Alfred de Musset en 1893, prenant sans doute Irving pour modèle et donne à sa production l'exactitude historique et archéologique sur laquelle insistait Irving.

L'association de Craig au musicien Martin Fallas Shaw (1875–1958) à la suite d'une rencontre fortuite en 1897 précipite également sa révolte contre les pratiques théâtrales de son époque. Grâce à Shaw, Craig adopte envers la musique une attitude très différente de celle qu'il a acquise au Lyceum, où Irving utilisait souvent des passages de musiciens célèbres et moins célèbres pour renforcer l'action dramatique. Martin Shaw fait connaître à Craig la musique de Jean-Sébastien Bach et, un jour qu'il improvise au piano l'orchestration complète de la *Passion selon saint Matthieu*, Shaw montre à Craig comment la musique exprime l'histoire de la Passion. L'idée que les formes et les sons de la

music. The idea that the forms and sounds of music could evoke an emotional response was a revelation which altered forever Craig's notions about the primacy of the spoken word in the theatre.

musique peuvent provoquer une réaction émotive est une révélation qui change à jamais les notions de Craig au sujet de la primauté du mot parlé au théâtre.

fig. 6
Ellen Terry as Ophelia
woodcut   1898
Arnold Rood
Collection

Ellen Terry dans
le rôle d'Ophélie
(gravure sur bois)   1898
Collection Arnold Rood

fig. 7
Martin Shaw Conducting
drawing c. 1901

Martin Shaw dirigeant l'orchestre
(dessin) vers 1901

THEATRE OF MOOD AND MOVEMENT

About two years after they met, Craig and Shaw became involved together in the Purcell Operatic Society, an enthusiastic group of amateurs with whom they created three productions which, though little recognized, mark the beginning of a new direction in theatrical production.

In the first of these, Henry Purcell's short opera D*ido and Aeneas* produced in May 1900, Craig, as both director and scenographer, made a complete break with the established scenic order of cluttered, two-dimensional sham realism by the extreme simplicity of design, by the creation of a seemingly limitless, liberating space in which the drama was made to take place, and by the costumes which Craig drew from the world of the opera as he imagined it, not from historical models. Still very much under the influence of Herkomer's techniques, Craig used gauzes and electric light to create an atmospheric sky against which the figures of the drama moved in a delicate, harmonious scheme of colour. The impact of D*ido and Aeneas* was achieved, on the one hand, by its simplicity of expression and, on the other hand, by the mood with which Craig imbued both the action and its setting.

This first Purcell Operatic Society production marked the emergence of Impressionism in the theatre: the Carthage which Craig created was not the archaeologist's but the poet's.

D*ido and Aeneas* was followed within a year by another revolutionary Craig-Shaw collaboration, an event called *The Masque of Love*, which was a production Craig and Shaw created from Purcell's incidental music for Fletcher's *The Prophetess, or The History of Dioclesian*. In this presentation the scenery was not used to denote locale; instead, Craig simply defined the stage by three walls of light grey canvas and a grey stage cloth. This grey box he then filled with pools of coloured light and the players, dressed in blacks, whites, and splashes of colour, acted out the masque as choreographed by Craig.

In *The Masque of Love* Craig took a further step towards «the edge of eternity» which the

THÉÂTRE D'EXPRESSION ET DE MOUVEMENT

Deux ans environ après leur rencontre, Craig et Shaw s'associent à la Purcell Operatic Society, un groupe dynamique avec lequel ils créent trois productions qui, bien que peu connues, marquent le début d'une nouvelle orientation en matière de présentation théâtrale.

Dans la première, une production de l'opéra de Purcell D*idon et Énée* en mai 1900, Craig, à la fois metteur en scène et scénographe, rompt avec la tradition scénique de réalisme trompe-l'œil à deux dimensions par l'extrême simplicité de sa mise en scène et la création d'un espace non contraignant, apparamment illimité, où le drame se déroule, ainsi que des costumes dessinés à partir de sa propre conception de l'opéra et non de modèles historiques. Encore fortement influencé par Herkomer, Craig utilise des écrans de gaze et la lumière électrique pour créer un «ciel atmosphérique» contre lequel les personnages se meuvent dans un spectre de couleurs délicat et harmonieux. L'effet de D*idon et Énée* repose d'abord sur la simplicité de son expression et, d'autre part, sur l'atmosphère que confère Craig aux décors et à l'action qui s'y déroule.

La première production de la Purcell Operatic Society marque l'apparition de l'impressionnisme au théâtre: la Carthage qu'a créée Craig n'est pas celle de l'archéologue, mais celle du poète. Moins d'un an plus tard, Craig et Shaw collaborent à la production du *Masque de l'Amour*, créée à partir de la musique de Purcell pour La *prophétesse ou l'histoire de Dioclétien* de Fletcher. Dans cette présentation, le décor ne sert pas à situer l'action; Craig y définit simplement le plateau à l'aide de trois panneaux de toile gris pâle et d'un tapis gris. Il baigne ensuite cette boite grise de lumières colorées et les comédiens, habillés de noir, de blanc et de taches de couleurs, jouent le masque selon une chorégraphie de Craig.

Dans Le *Masque de l'Amour*, Craig se rapproche encore davantage de ce «bord de l'éternité» dont le poète W. B. Yeats avait fait l'expérience avec la toile de fond pourpre de D*idon et Énée*. La mise en scène du *Masque de l'Amour* par Craig est en fait la création d'une œuvre entiè-

poet W. B. Yeats had experienced in the purple backcloth of *Dido and Aeneas*. Craig's production of *The Masque of Love* was in fact the creation of an entirely new work free of influence from the theatrical traditions which he had inherited from his mother and Henry Irving. The originality of *The Masque of Love* was further reinforced by the strength of its purpose. Like *Dido and Aeneas*, all the elements which made up *The Masque of Love*—music, story, movement of players, colours, and light—were choreographed and blended to create an emotional effect.

The culmination of the Craig-Shaw association with the Purcell Operatic Society came in March 1902 with their production of Handel's *Acis and Galatea* in which, again, music, dancing, setting, and story were blended perfectly as a single unified art, a neglected art according to Craig—the art of the theatre.

Craig had left Irving and the Lyceum Theatre in 1897 not knowing in which direction he was bound. During the two subsequent years in which he was not directly involved with the theatre, he tried, through his growing interest in graphic art, to «keep drawing whatever flies quickly to the imagination—practice and keep attempting to record what you see in the mind's eye.»[2] These visions of «the mind's eye» he had applied to the productions with the Purcell Operatic Society. As a result of these experimental productions, and through his continuing close association with Martin Shaw, Craig's interest in the theatrical potential of movement had been completely awakened.

TOWARDS A KINETIC THEATRE

Following his work with the Purcell Operatic Society, Craig began to build upon the discoveries he had recently made. In 1902, he made some notes and sketches which he later developed into a series of drawings entitled *The Steps*. Like his concept for *The Masque of Love*, these «scenes» were not meant to denote a specific

rement nouvelle, libérée de l'influence des traditions théâtrales héritées de Irving ou de sa mère. L'originalité du *Masque de l'Amour* est en outre renforcée par la vigueur de ses objectifs. Comme *Didon et Énée*, tous les éléments qui constituent *Le Masque de l'Amour*—la musique, l'intrigue, le mouvement des comédiens, la couleur et la lumière—sont chorégraphiés et combinés pour produire un effet émotionnel.

Le point culminant de l'association Craig-Shaw avec la Purcell Operatic Society a lieu en mars 1902 lorsqu'ils produisent *Acis et Galatée* de Haendel où la musique, la danse, le décor et l'histoire sont parfaitement amalgamés en un art unifié, un art négligé, selon Craig—un art du théâtre.

Craig avait laissé Irving et le Lyceum Theatre en 1897 sans savoir dans quelle voie il s'acheminait. Au cours des deux années suivantes, où il ne se préoccupe pas directement du théâtre, il essaie, à cause de son intérêt croissant pour l'art graphique, de «dessiner tout ce qui frappe rapidement l'imagination—essayer d'enregistrer ce que l'on peut voir par l'œil de l'esprit[2]». Il applique ensuite ces visions de «l'œil de l'esprit» à ses productions avec la Purcell Operatic Society. Grâce à ces productions expérimentales et à sa collaboration étroite et continue avec Martin Shaw, l'intérêt de Craig pour le mouvement au théâtre est complètement mis en éveil.

VERS UN THÉÂTRE CINÉTIQUE

Après ses expériences avec la Purcell Operatic Society, Craig commence à travailler à partir de ses découvertes récentes. En 1902, il jette sur papier quelques remarques et croquis qui devaient plus tard servir à un album de dessins intitulé *The Steps*. Comme dans *Le Masque de l'Amour*, ces «scènes» ne servent pas à délimiter un espace particulier: ce sont des dessins pour un nouveau théâtre. Au cours de ses promenades quotidiennes dans Londres, Craig a commencé à remarquer que certains lieux,

---

[2] Edward A. Craig, *Gordon Craig: The Story of His Life*, p. 113.

[2] Edward A. Craig: *Gordon Craig: The Story of His Life*, p. 113.

locale; they were drawings for a new theatre. In the course of his daily walking about London, Craig began to notice that places like the Duke of York's Steps seemed to change in character and atmosphere with the varying conditions of weather and light, and to change even further with the movement of human figures upon them. Individually, the drawings which Craig made for *The Steps* are evocative; but when they are considered as still photographs from an ongoing drama in which the players, the scenery, and the light are continually in motion, it becomes evident that Craig was on the threshold of discovering a kinetic theatre.

This development came at a time when Craig had undertaken some new assignments as director-designer. A production of Laurence Housman's *Bethlehem*, while breaking no new ground for Craig, did leap far in advance of the usual Victorian Christmas card portrayal of the Nativity. For his uncle, Fred Terry, Craig designed some costumes and two scenes for *For Sword and Song* and, immediately following, he directed and designed Ibsen's *The Vikings of Helgeland* and Shakespeare's *Much Ado About Nothing* under Ellen Terry's management at the Imperial Theatre, London.

Neither of the productions at the Imperial Theatre achieved anywhere the degree of unity present in Craig's earlier work with the Purcell Operatic Society where he and Shaw had had artistic *carte blanche* and the full support of a dedicated, if amateur, company. The members of the company at the Imperial Theatre were, conversely, professionals of the «old school,» suspect of anything which depart-

---

fig. 8
The Steps, First Mood, *drawing*   1905
Arnold Rood Collection
The Steps, «1ʳᵉ ambiance» (dessin)   1905
Collection Arnold Rood

fig. 9
The Steps, Second Mood, *drawing*   1905
Arnold Rood Collection
The Steps, «2ᵉ ambiance» (dessin)   1905
Collection Arnold Rood

tel l'escalier du duc de York, semblent changer de caractère et d'atmosphère selon le temps et la lumière, et changer encore plus à cause du mouvement des passants. Individuellement, les dessins que Craig a faits pour *The Steps* sont évocateurs; mais si on les considère comme des photographies d'un drame où les acteurs, le décor et la lumière sont en mouvement perpétuel, il apparaît évident que Craig est sur le point de découvrir un théâtre cinétique.

La découverte se produit à un moment où Craig vient d'assumer de nouvelles fonctions de metteur en scène-décorateur. La production de *Bethléem* de Laurence Housman, ordinaire pour Craig, est avant-gardiste par rapport à la façon «carte de Noël» des Victoriens de représenter la nativité. Pour son oncle, Fred Terry, Craig dessine des costumes et deux scènes de *For Sword and Song* et, immédiatement après, il fait la mise en scène et les décors des *Guerriers à Helgeland* d'Ibsen et de *Beaucoup de bruit pour rien* de Shakespeare sous la direction d'Ellen Terry à l'Imperial Theatre de Londres.

Ni l'une ni l'autre des productions à l'Imperial Theatre n'atteignent le degré d'unité des œuvres antérieures de Craig avec la Purcell Operatic Society où Shaw et lui avaient carte blanche sur le plan artistique et le plein appui d'une troupe dévouée, bien que formée d'amateurs. Les membres de la troupe de l'Imperial Theatre sont, au contraire, de la «vieille école», soupçonneux de tout ce qui s'éloigne des conventions démodées auxquelles ils s'accrochent si obstinément. Ils ne sont certainement pas prêts à se considérer comme faisant partie de l'aspect visuel de la production.

fig. 10
The Steps, Third Mood, *drawing*   1905
Arnold Rood Collection
The Steps, «*3ᵉ ambiance*» (*dessin*)   1905
Collection Arnold Rood

fig. 11
The Steps, Fourth Mood, *drawing*   1905
Arnold Rood Collection
The Steps, «*4ᵉ ambiance*» (*dessin*)   1905
Collection Arnold Rood

fig. 12
Project for Hamlet,
drawing 1904
Bibliothèque nationale,
Paris

Projet pour Hamlet
(dessin) 1904
Bibliothèque nationale,
Paris

ed from the outmoded conventions to which they so intractibly clung, and who would never have been able to bring themselves to think of themselves as part of the visual aspect of a production.

The difference between Craig's experience with the Purcell Operatic Society, where he had full control, and his experience with Ellen Terry's management reinforced in his mind the conviction that the theatre could only succeed if its productions could be carried out in accordance with a plan conceived by one man and one man alone. Irving was Craig's mentor in this respect although Craig was now turning away from a theatre centred around an actor-manager toward a new theatre, a theatre of mood and movement. Though he was not satisfied with his experiences in *The Vikings* and *Much Ado* productions, Craig's progress towards a new theatre was not impeded, for in the course of preparing for the second play he came upon a book which was to be a main source of inspiration both immediately and in the years to come, Serlio's *Five Books of Architecture* (Venice; 1619). Craig had become absorbed in the idea of abstract movement since working with the Purcell Operatic Society, and in Serlio Craig was confronted with a drawing of a floor divided into squares from which architectural forms appeared to rise, planting in Craig's mind the idea of vertical scenic movement.

THE ART OF THE THEATRE ADVANCING

Craig's reputation as an *avant-garde* director and scenographer had been established in Britain by his productions for the Purcell Operatic Society. In 1904, Craig met Count Harry Kessler, a far-sighted patron of the arts, who secured for him an invitation to design a production of Otway's *Venice Preserved* for Dr Otto Brahm, Director of the Lessing Theatre in Berlin. Craig left England for Germany, never really to return to live again in England. He prepared drawings for the play, but the collaboration which Kessler had proposed never actually took place. In retrospect, it is obvious that the scheme was

La différence entre l'expérience de Craig avec la Purcell Operatic Society, où il avait plein contrôle, et celle qu'il acquiert sous Ellen Terry, renforce chez lui la conviction que le théâtre ne peut réussir que si les productions suivent le plan d'un seul homme. Dans ce sens, Irving était le mentor de Craig bien que ce dernier tournait le dos au théâtre gravitant autour de l'acteur-directeur pour se diriger vers un nouveau théâtre, un théâtre d'expression et de mouvement.

Bien qu'il ne soit pas satisfait des résultats des *Guerriers* et de *Beaucoup de bruit pour rien*, son évolution n'en souffre pas car, au cours de ses recherches préparatoires à la deuxième pièce, il découvre un livre qui doit l'inspirer immédiatement et dans l'avenir, le *Traité d'architecture* (Venise; 1619) de Serlio. Depuis son travail avec la Purcell Operatic Society, Craig avait été absorbé par l'idée du mouvement abstrait et, avec Serlio, il trouve un dessin d'un plancher divisé en carrés duquel des formes architecturales semblaient s'élever, suggérant ainsi à Craig l'idée du mouvement scénique vertical.

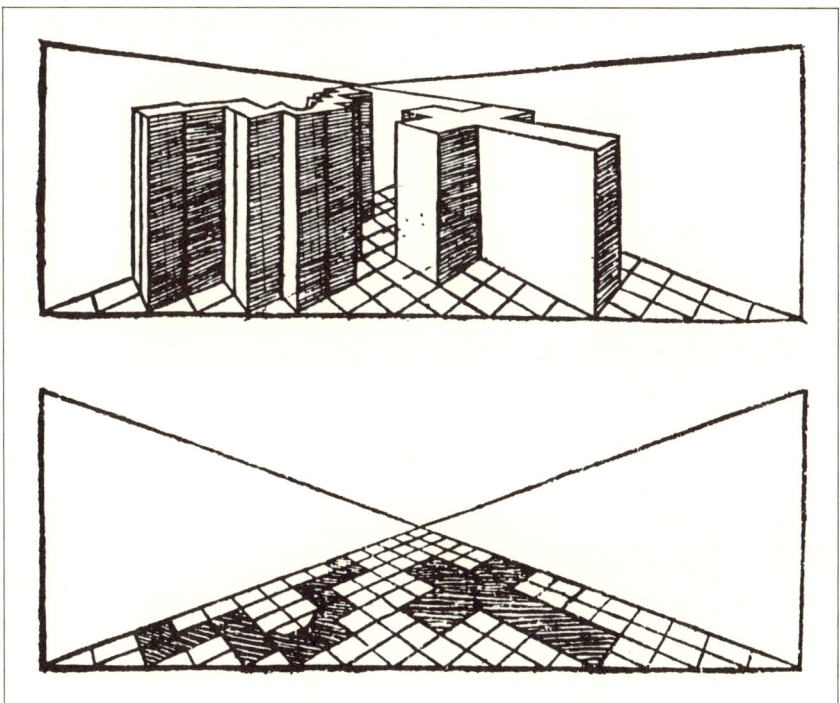

fig. 13
Architectonic forms from Serlio's Five Books of Architecture, Book 2

Formes architectoniques tiré du Traité d'architecture *de Serlio, livre II*

L'ART DU THÉÂTRE EN MARCHE

En Angleterre, la réputation de Craig, directeur et scénographe avant-gardiste, avait été établie par ses productions pour la Purcell Operatic Society. En 1904, Craig rencontre le comte Harry Kessler, mécène éclairé qui lui obtient une invitation à faire les décors de *Venise sauvée* d'Otway pour Otto Brahm, directeur du Lessing Theatre de Berlin. Craig quitte l'Angleterre (où il ne reviendra plus y vivre) pour l'Allemagne. Il prépare des dessins pour la pièce, mais la collaboration que lui a proposée Kessler ne se réalise jamais; aujourd'hui, il est évident que le projet était voué à l'échec, car Craig et Brahm étaient, par leur expérience et leur tempérament, diamétralement opposés dans leur attitude envers le théâtre. Craig avait préparé un décor pour une scène qui omettait délibérément la porte habituelle, de façon à prouver à Brahm qu'il était possible de jouer la scène en question sans avoir recours à une telle porte. Brahm réagit en exigeant de Craig qu'il y ait

fig. 14
The Asphaleia System
from the
Handbuch der Architektur,
page 296

Le système Asphaleia, tiré du
Handbuch der Architektur,
p. 296

doomed, for Craig and Brahm were diametrically opposed in their attitudes toward the theatre, in their experience, and by temperament. Craig, eschewing the literal, had prepared a design for one scene omitting the customary door in order to demonstrate to Brahm that there was a way to play the scene without relying upon such a door. Brahm's reaction was to demand that Craig include the door and that this door be complete with a handle and a lock. In the end, Brahm used Craig's designs for two scenes, and Craig disclaimed any connection with the production.

While in Berlin, Craig made two providential contacts. The first of these was with a bookseller from whom he bought the first book on theatre construction he had ever seen. This book, the fourth volume of the *Handbuch der Architektur* (Stuttgart; 1904), contains Manfred Semper's description of the remarkable Asphaleia System which had recently been installed in a number of European theatres. The system was elaborate mechanically but simple in concept. It consisted of a stage floor divided into sections which could be raised or lowered by means of hydraulic pistons. Craig saw its possibilities at once.

The other person whom he met in Berlin was one who was to figure at least as predominantly in his artistic development as his mother, Ellen Terry; his father, E.W. Godwin; Irving, Pryde, or Martin Shaw. This person was Isadora Duncan (1878–1927) who opened the secrets of movement to him in the same way that Shaw had expanded his understanding of music. But, more important, Isadora's performance seemed to Craig the very embodiment of his own thinking in recent years about the movement of light, colour, and form. Isadora did not seem to dance a pre-rehearsed pattern, but rather, seemed to move in response to the emotional stimulus of the music; her movements in combination with the music affected the audience emotionally.

Craig was astonished by Isadora's achievement. To him, she appeared in many ways a consummate artist, being in complete control both as creator and performer. Isadora

une porte et qu'elle soit complète avec poignée et serrure. En définitive, Brahm eut recours aux décors de Craig pour deux scènes de *Venise sauvée* et Craig désavoua toute participation à la production.

Pendant son séjour à Berlin, Craig fait deux rencontres providentielles. La première avec un libraire à qui il achète le premier livre sur la construction théâtrale qu'il ait jamais vu. Ce livre, quatrième volume du *Handbuch der Architektur* (Stuttgart; 1904), contient une description par Manfred Semper du remarquable système Asphaleia récemment installé dans certains théâtres européens. Le système est complexe mécaniquement, mais de conception simple. Il consiste en un plancher de scène divisé en sections qui peuvent être élevées ou abaissées par des pistons hydrauliques. Craig en voit sur-le-champ les possibilités.

L'autre personne qu'il rencontre à Berlin contribuera à son évolution artistique de façon aussi prédominante que sa mère Ellen Terry, son père E.W. Godwin, Irving, Pryde ou Martin Shaw. Cette personne est Isadora Duncan (1878–1927), qui lui révèle les secrets du mouvement de la même façon que Shaw a suscité chez lui la compréhension de la musique. Mais, fait plus important, l'art d'Isadora semble à Craig l'incarnation même de sa propre pensée des dernières années au sujet du mouvement de la lumière, de la couleur et de la forme. Isadora ne danse pas selon une chorégraphie, mais *improvise* plutôt ses mouvements en réponse au stimulus émotif de la musique; son mouvement allié à la musique touche émotivement les spectateurs.

Craig est étonné par la perfection de l'art d'Isadora. Elle lui apparaît comme une artiste consommée, possédant une maîtrise complète en tant que créatrice et exécutante. Isadora explique à Craig que sa théorie du mouvement est tirée de la Grèce ancienne et Craig, se rappelant que le théâtre est également né en Grèce, devient plus convaincu encore que l'essence du théâtre n'est pas la parole, mais l'action —le mouvement. En 1905, dans son livre *De l'Art du théâtre*, Craig imagine un spectateur qui demande au metteur en scène: «Et du geste, des

fig. 15
Isadora Duncan dancing in Breslau,
drawing   1905
Edward A. Craig

Isadora Duncan dansant à Breslau
(dessin)   1905
Edward A. Craig

explained to Craig that her theory of movement was derived from ancient Greece, and Craig, recalling that the origins of the theatre lay in Greece, became further convinced that the well-spring of the theatre was not words, but action—movement. In 1905, in his book *The Art of the Theatre*, Craig has his imaginary playgoer ask the stage director, «Action, words, line, colour, rhythm! And which of these is all important to the art?» To which the stage director replies: «One is no more important than the other, no more than one colour is more important to the painter than another, or one note more important to the musician. In one respect, perhaps, action is the most valuable part. Action bears the same relation to the Art of the Theatre as drawing does to painting, and melody does to music. The Art of the Theatre has sprung from action—movement—dance.»[3]

To his friend Martin Shaw, Craig wrote, «Acting is Action—Dance the poetry of Action.»[4]

The artistic and personal lives of Craig and Isadora overlapped for an intense two-year period: in 1906 Martin Shaw joined them on tour as Isadora's conductor. Count Harry Kessler never ceased being an active and faithful advocate of Craig and his work, and as Craig was a man in the forefront of the theatre, Kessler encouraged his association with other leading figures in the arts, such as the architects Hoffmann and van de Velde, both leaders in the Art Nouveau movement.

In summary, during this period, Craig's vision of the theatre of the future was finally beginning to take shape. Its development can be seen as having its real beginning in the Purcell Operatic Society productions of 1900–1902 where Craig's interest in the theatrical potential of movement was aroused and developed. Then, in 1903, his imagination was fired by the woodcut in Serlio's *Five Books of Architecture* which showed two architectonic forms

mots, des lignes et des couleurs, du rythme—lequel est le plus essentiel à cet Art?» Le metteur en scène répond: «L'un n'importe pas plus que l'autre. De même qu'une couleur n'est pas plus qu'une autre utile au peintre, un son plus qu'un autre employé par le musicien. Toutefois le geste est peut-être le plus important: il est à l'Art du Théâtre ce que le dessin est à la peinture, la mélodie à la musique. L'Art du Théâtre est né du geste—du mouvement—de la danse[3].»

À son ami, Martin Shaw, Craig écrit: «Le jeu est action—la danse, poésie de l'action[4].»

Pendant deux ans, la carrière artistique et la vie personnelle de Craig et d'Isadora Duncan se chevauchent dans une relation très intense et en 1906, Martin Shaw les accompagne en tournée en qualité de chef d'orchestre. Le comte Harry Kessler a toujours été un tenant actif et fervent de Craig et de son œuvre. Comme Craig est à l'avant-garde de la conception théâtrale, Kessler l'encourage à entrer en contact avec d'autres personnalités dominantes du domaine des arts, comme les architectes

fig. 16
*From left to right:
Count Harry Kessler,
unidentified,
Joseph Hoffman,
Edward Gordon Craig,
and Henry van de Velde,
c. 1905*
Edward A. Craig

*De gauche à droite:
comte Harry Kessler,
non identifié,
Joseph Hoffman,
Edward Gordon Craig,
et Harry van de Velde,
vers 1905*
Edward A. Craig

---

[3]*Ibid*. p. 210.
[4]*Ibid*. p. 199.

[3]Edward Gordon Craig: *De l'Art du théâtre*, p. 104.
[4]Edward A. Craig: *op. cit.*, p. 199.

which appeared to be rising out of a grid on the floor, and in the following year, from

Hoffman et van de Velde, tous deux à l'avant-garde du mouvement de l'«art nouveau».

fig. 17
First drawing for Scene
1906
Bibliothèque nationale, Paris

Premier dessin pour Scene
1906
Bibliothèque nationale, Paris

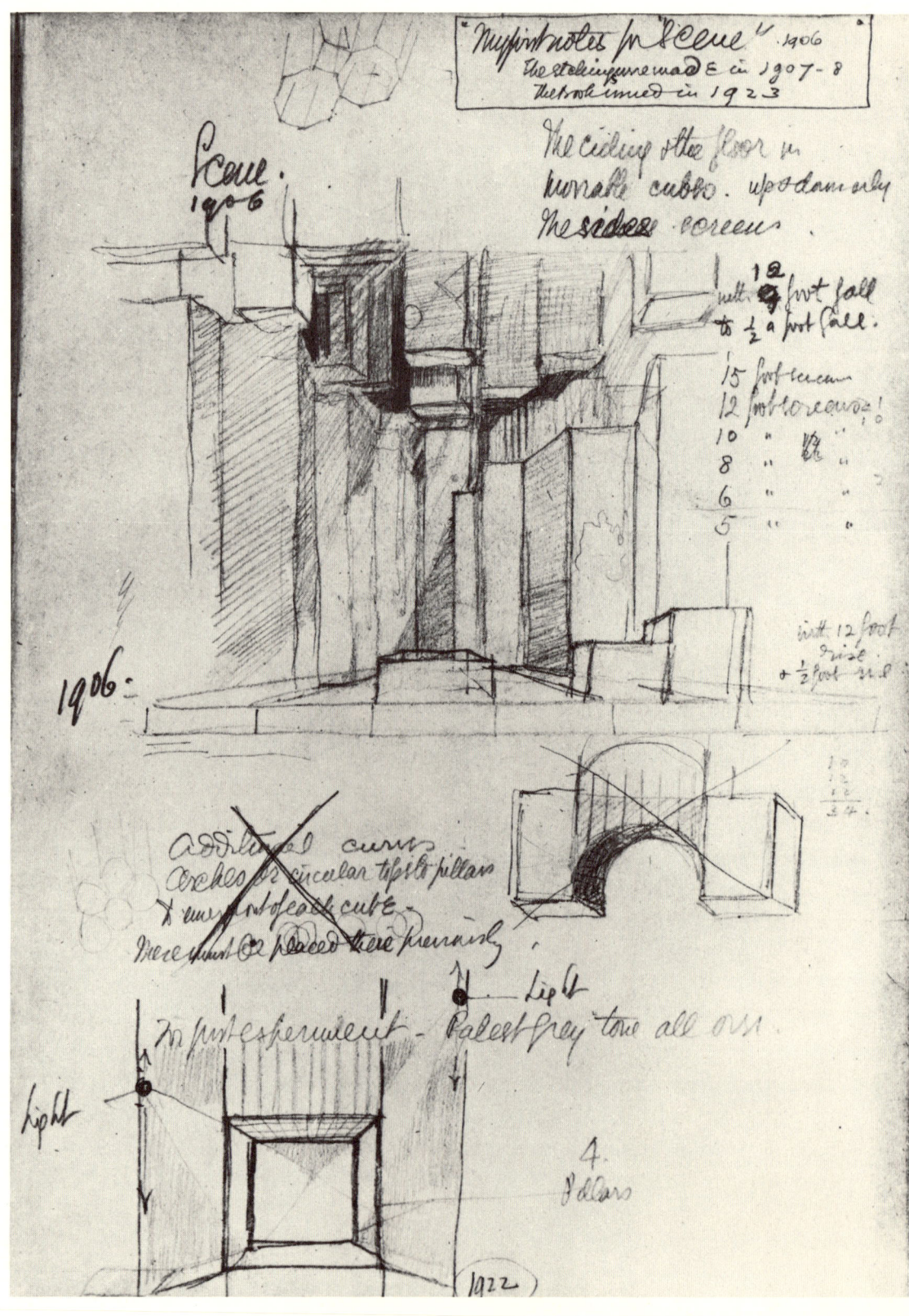

Semper's contribution in the *Handbuch der Architektur*, Craig discovered the Asphaleia System, a mechanism already in use in a number of theatres and, potentially, a device to make the architectonic forms from Serlio move up and down. And finally, in 1905, while Craig was watching Isadora perform, it occurred to him that the role which his moving scene might play was analogous to the music in Isadora's dance. This moving scene was, in fact, a kind of visual music which might, through its transformations in form and colour, generate an emotional response. By the beginning of 1907, Craig had made his first sketch and notes for the moving scene, describing it as an instrument which would enable the architectonic forms to rise from the floor, descend from the ceiling, move in all directions at any tempo to create endlessly variable scenic environments which could be coloured with electric light or decorated with projections.

En résumé, au cours de cette période, la vision de Craig d'un théâtre de l'avenir se précise. Les productions de la Purcell Operatic Society de 1900 à 1902 marquent le début de son évolution puisque c'est là que Craig commence à s'intéresser au potentiel de mouvement au théâtre. En 1903, son imagination est excitée par la gravure sur bois tirée de l'ouvrage de Serlio, *Traité d'architecture*, qui montre deux formes architectoniques qui semblent s'élever d'une grille sur le plancher et l'année suivante, Craig trouve une copie du *Handbuch der Architektur* dans lequel il découvre le système Asphaleia, un mécanisme présenté par Semper et répandu dans de nombreux théâtres; ce système permettrait de faire monter et descendre les formes architectoniques de Serlio. En dernier lieu, en 1905, en regardant Isadora Duncan, Craig s'avise que le rôle que jouerait sa scène mobile est analogue à la musique dans la danse d'Isadora; en fait, la scène mobile représente une sorte de musique visuelle, et, grâce à ses mouvements, on pourrait provoquer une réaction émotionnelle. À partir du début de 1907, Craig avait fait ses premières esquisses et pris des notes pour sa scène mobile, la décrivant comme étant un instrument par lequel les formes architectoniques pourraient s'élever du plancher, descendre du plafond, se déplacer dans n'importe quel sens et à n'importe quel rythme afin de créer une multitude d'environnements scéniques colorés au moyen de la lumière électrique ou décorés par des projections.

fig. 18
Hamlet: *Battlements*,
etching   1907
The National Gallery
of Canada, Ottawa
(7028)

Hamlet: *fortifications*
(eau-forte)   1907
Galerie nationale
du Canada, Ottawa
(7028)

SCENE

The form which Craig's new theatre would take was at last a fully developed concept. It would be a synthesis of light, sound, figures, and scene which, through movement, would

DISPOSITIF DE SCÈNE

La forme du nouveau théâtre de Craig arrive enfin à maturité. Il est une synthèse de la lumière, du son, de personnages et de la scène qui, par le mouvement, sont évocateurs. Il tra-

fig. 19
Frozen moment in Scene,
etching   1907
Donald Oenslager Collection,
Yale University

Une phase dans Scene
(eau-forte)   1907
Collection Donald Oenslager,
université Yale

be evocative. Craig worked quickly to clarify this idea in his mind and in his notebooks. During April and May 1907, now living in Florence, he produced a series of magnificent etchings, many of which later appeared in his

vaille à la hâte pour rendre cette idée claire dans son esprit, en jetant des notes dans son carnet. En avril et mai 1907 (il vit maintenant à Florence), il dessine une suite de magnifiques eaux-fortes, dont plusieurs serviront à illustrer

fig. 20
Frozen moment in Scene, *etching   1907
Donald Oenslager Collection,
Yale University*

Une phase dans Scene
*(eau-forte)   1907
Collection
Donald Oenslager,
université Yale*

book entitled *Scene*. These etchings of 1907 are some of the most inspiring examples of Craig's work and depict individually frozen moments of action in Craig's new vision of the theatre.

son livre intitulé *Scene*. Ces eaux-fortes de 1907 sont parmi les exemples les plus influents de l'œuvre de Craig et captent les phases successives de la nouvelle vision de son théâtre.

fig. 21
*Frozen moment in Scene, etching 1907
Donald Oenslager Collection, Yale University*

*Une phase dans Scene (eau-forte) 1907
Collection Donald Oenslager, université Yale*

OPPOSITE
PAGE CI-CONTRE

fig. 22
*Edward Gordon Craig photographed by Eduard Steichen, 1909
Arnold Rood Collection*

*Edward Gordon Craig photographié par Eduard Steichen, en 1909
Collection Arnold Rood*

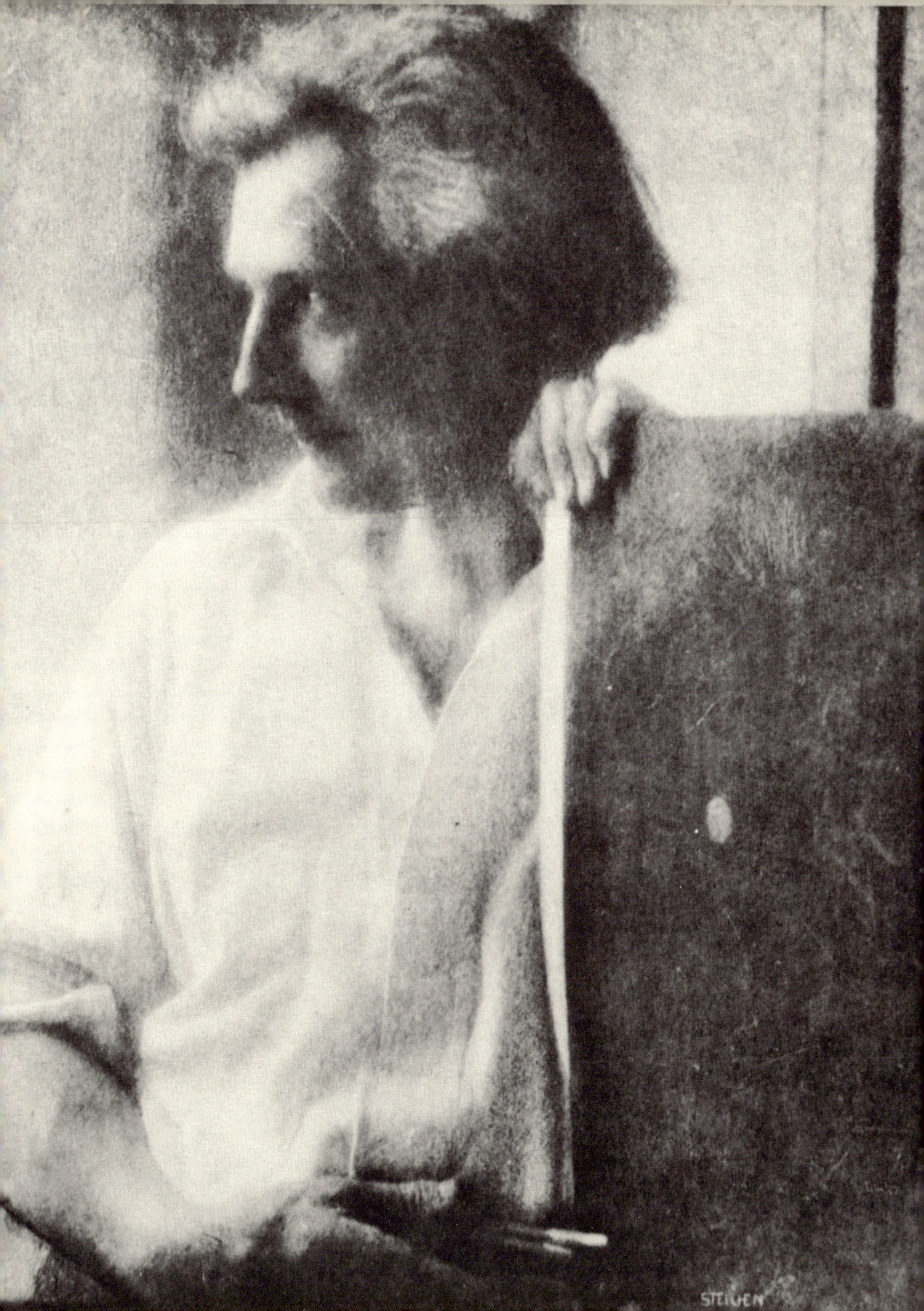

fig. 23
Patent Application for Craig's screens, 1910
Edward A. Craig

Demande de brevet pour les paravents de Craig, 1910
Edward A. Craig

N° 1771  A.D. 1910

Date of Application, 24th Jan., 1910
Complete Specification Left, 15th Apr., 1910—Accepted, 1st Sept., 1910

PROVISIONAL SPECIFICATION.

Improvements in Stage Scenery.

I, EDWARD GORDON CRAIG, of Arena Goldoni, Florence, Italy, Stage-manager, do hereby declare the nature of this invention to be as follows:—

My invention relates to apparatus for producing scenic effects on the stage and is particularly adapted for use in the representation of poetic drama.

In the representation of such plays the producer has hitherto been obliged to choose between the alternatives of either employing scenery formed and painted so as to produce an illusion of the actual scene intended by the playwright, or using plain curtains as a background. Many persons have come to the conclusion that the latter method has certain æsthetic advantages and it has the material advantage of cheapness and easy transport.

The object of my invention is to provide a device which shall present the æsthetic advantages of the plain curtain but shall further be capable of a multitude of effects which although not intended to produce an illusion shall nevertheless assist the imagination of the spectator by suggestion.

My device is further intended to combine the artistic variety and mechanical advantages of painted scenery with the portable nature of the curtain.

My invention consists in the use of a series of double jointed folding screens standing on the stage and painted in monochrome preferably white or pale yellow. The screens may be used as background and in addition to this use may be so arranged as to project into the foreground at various angles of perspective so as to suggest various physical conditions, such as, for example, the corner of a street—or the interior of a building; by this means suggestion, not representation, is relied on and nevertheless variety is obtainable. The device possesses the great advantage that the variety in effect is obtained from a very simple apparatus which may be readily transported from place to place and easily arranged and moved on the stage. Moreover this device is self-supporting and unlike scenery or curtains, does not require to be suspended from above.

The screens may be mounted on castors and provided with struts if desired.

Dated this 24th day of January, 1910.

EDWARD GORDON CRAIG.

COMPLETE SPECIFICATION.

Improvements in Stage Scenery.

I, EDWARD GORDON CRAIG, Stage Manager, of Arena Goldoni, Florence, Italy, do hereby declare the nature of this invention and in what manner the same is to be performed, to be particularly described and ascertained in and by the following statement:—

My invention relates to apparatus for producing scenic effects on the stage and is particularly adapted for use in the representation of "poetic drama."

[Price 8d.]

Price 4s 6d

ONE THOUSAND SCENES IN ONE SCENE

By June 1907, Craig was ready to build a huge model stage in his workshop in Florence and to conduct experiments with his moving scene. The model which Craig built was, however, a compromise of the vision he had captured in his etchings. Because of his lack of technical knowledge, Craig was unable to find a way of making the architectonic forms rise and fall as he had anticipated in the etchings. Instead of rising and falling forms within a tall proscenium frame, Craig created an equivalent effect by using a system of double-hinged screens. The screen system was severely limited because it could only move horizontally; whereas the architectonic forms could rise and fall into almost any configuration imaginable. In order to accomodate the screen system, he also reverted to a proscenium similar in proportion the one he had used for Dido and Aeneas, twice as wide as it was high. He completed this compromise model and was just beginning to work out screen arrangements for Hamlet as an exercise when he received the telegram from Constantin Stanislavsky inviting him to Moscow to discuss the production of a play.

MILLE DISPOSITIFS DE SCÈNE EN UN

En juin 1907, Craig est prêt pour monter une grande maquette de décor dans son atelier à Florence et de mener des expériences avec sa scène mobile. Le modèle que Craig bâtit est néanmoins un compromis de la vision captée dans ses eaux-fortes. À cause de son manque de connaissances techniques, Craig est incapable de trouver un moyen de faire lever et descendre les formes architectoniques tel qu'il avait prévu dans ses eaux-fortes. Au lieu d'obtenir une descente et une montée de formes à l'intérieur d'un grand cadre mobile, Craig créa un effet équivalent en utilisant un système de paravents ayant des jointures à double charnière. Le système de paravents était très limité parce qu'il pouvait seulement se déplacer horizontalement tandis que les formes architectoniques pouvaient monter et descendre prenant toutes les formes imaginables. Afin d'utiliser le système de paravents, Craig revient à une avant-scène de proportions identiques à celle utilisée pour Didon et Énée, c'est-à-dire dont la largeur est le double de la hauteur. C'est au moment où Craig achève ce modèle de compromis et est en passe de s'exercer à mettre au point les dispositions des différents paravents pour Hamlet qu'il reçoit le télégramme de Constantin Stanislavski l'invitant à Moscou pour discuter de la mise en scène d'une pièce.

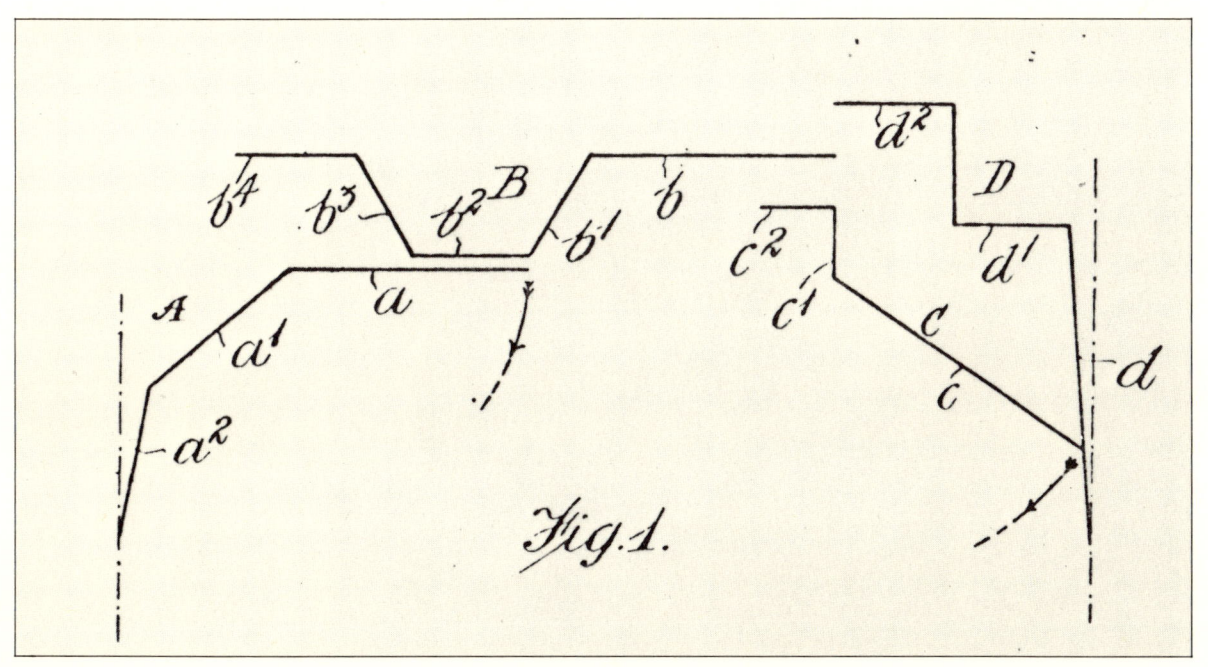

fig. 24
Patent Application (Fig. 1) for Craig's Screens, 1910
Edward A. Craig

Demande de brevet (fig. 1) pour les paravents de Craig, 1910
Edward A. Craig

fig. 25
Ellen Terry and a set of screens made especially for her,
1910
Edward A. Craig

Ellen Terry et une série de paravents faits pour elle,
1910
Edward A. Craig

fig. 26
Constantin Stanislavsky, Director of the Moscow Art Theatre,
1899

Constantin Stanislavski, directeur du Théâtre d'art de Moscou,
1899

THE MOSCOW HAMLET

The Moscow Art Theatre was entering a critical period in its development at this time. By 1908, Stanislavsky had begun to see the futility of stage realism and was searching for a «deeper, more refined and more psychological realism.» According to Isadora Duncan, who was dancing in Moscow at the time, Gordon Craig was the one man who could inspire the Moscow Art Theatre and she urged Stanislavsky to contact him. The telegram reached Craig in Florence in May 1908, and by October he had arrived in Moscow for preliminary talks with Stanislavsky and the company.

Hamlet was the play of Craig's choice for Moscow. He knew it to be a great drama and a difficult play to stage, but he loved it, he knew it word for word, and he was excited by the enormity of its challenge. Because Stanislavsky's invitation had arrived at the time when he was experimenting with *Hamlet* and the model screens, Craig decided to use the screen system for the Moscow Art Theatre production.

LE HAMLET DE MOSCOU

À cette époque, le Théâtre d'art de Moscou traverse une période critique de son évolution. En 1908, Stanislavski a commencé à se rendre compte de la futilité du réalisme dramatique et il est en quête d'un «réalisme plus profond, plus raffiné et plus psychologique». Selon Isadora Duncan qui danse à Moscou à l'époque, Gordon Craig est le seul homme à pouvoir inspirer le Théâtre d'art de Moscou, et elle presse Stanislavski de prendre contact avec lui. Le télégramme parvient à Craig en mai 1908, et en octobre, il arrive à Moscou pour des discussions préliminaires avec Stanislavski et sa troupe.

Hamlet est la pièce que choisit Craig pour Moscou. Il sait que c'est une grande tragédie et que c'est une pièce difficile à monter, mais elle le fascine, il la connait par cœur et il est passionné par le défi énorme qu'elle présente. Étant donné que l'invitation de Stanislavski est parvenue à un moment où il fait certaines expériences à propos de *Hamlet* et des modèles de paravents, Craig décide d'utiliser le système de paravents pour la production du Théâtre d'art de Moscou.

fig. 27
Hamlet: *The Court Scene,
drawing* 1906
Harvard Theatre Collection

Hamlet: *la scène de
la Cour (dessin)* 1906
Harvard Theatre Collection

fig. 28
Hamlet: The Players' Scene, drawing undated
Harvard Theatre Collection

Hamlet: la scène des comédiens (dessin) sans date
Harvard Theatre Collection

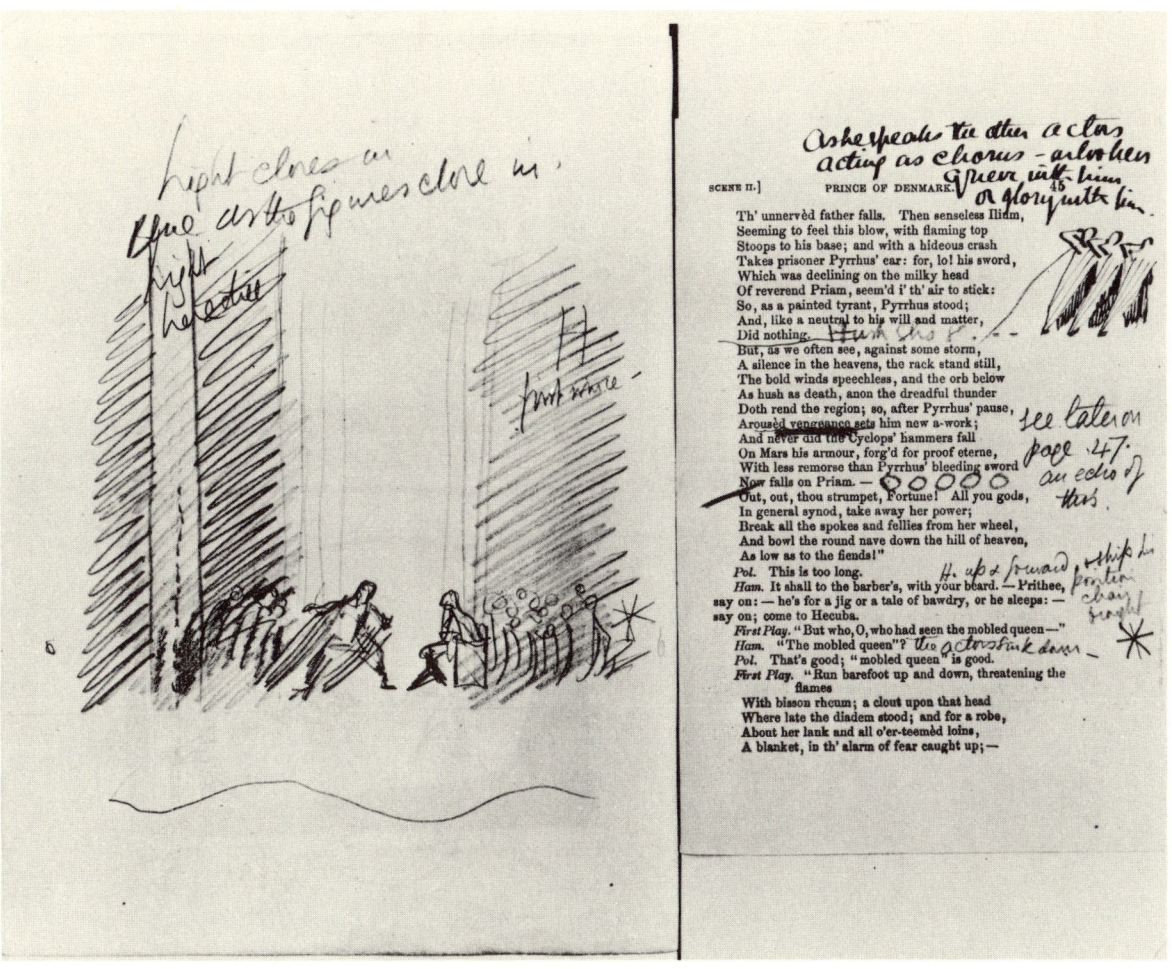

fig. 29
The Moscow Hamlet
prompt book
Bibliothèque nationale,
Paris

Le livre du souffleur
du Hamlet de Moscou
Bibliothèque nationale,
Paris

Craig's decision to use the screens in the Moscow *Hamlet* was an error in judgement which has contributed to the myth that his work was «impractical.» In fact, Craig was a seasoned actor, director, and designer by this time, and there were few artists who had such a comprehensive background in theatre. The screens were not impractical; more exactly, they were a compromise, and an undeveloped compromise, of a truly visionary concept of the theatre which he had captured in the 1907 etchings. The screens were ill-suited to the scenic fluidity which *Hamlet* demands. It was difficult to move the screens on the raked stage of the Moscow Art Theatre; it was difficult to change from screens of one height to screens of a different height; and finally, the need to provide varying screen arrangements for as many as twenty scenes, with a system somewhat at odds with existing theatre technology,

Cette décision de Craig est une erreur de jugement qui a contribué au mythe selon lequel son travail est «irréalisable». En réalité, Craig est un acteur, un metteur en scène et un décorateur expérimenté, et il existe peu d'artistes qui aient une connaissance aussi profonde du théâtre. Les paravents ne sont pas irréalisables; de façon plus exacte, ils ne sont qu'une partie, et qui plus est une partie non encore mise au point, d'une conception véritablement visionnaire du théâtre qu'il avait capté dans ses eaux-fortes de 1907. Les paravents sont simplement inadaptés à la fluidité scénique qu'*Hamlet* exige. Il est difficile de déplacer les paravents sur le plancher incliné de la scène du Théâtre d'art de Moscou; il est difficile de passer des paravents d'une certaine hauteur à des paravents d'une hauteur différente; en dernier lieu, le besoin de varier les dispositions de paravents pour une vingtaine de scènes à l'aide d'un

fig. 30
Claudius and Gertrude, *cardboard figure*   c. 1910
Department of Special Collections
University of California at Los Angeles

Claudius et Gertrude *(personnages de carton)*   vers 1910
Department of Special Collections
University of California à Los Angeles

fig. 31
The Ghost, *cardboard figure*   c. 1910
Department of Special Collections
University of California at Los Angeles

Le fantôme *(personnage de carton)*   vers 1910
Department of Special Collections
University of California à Los Angeles

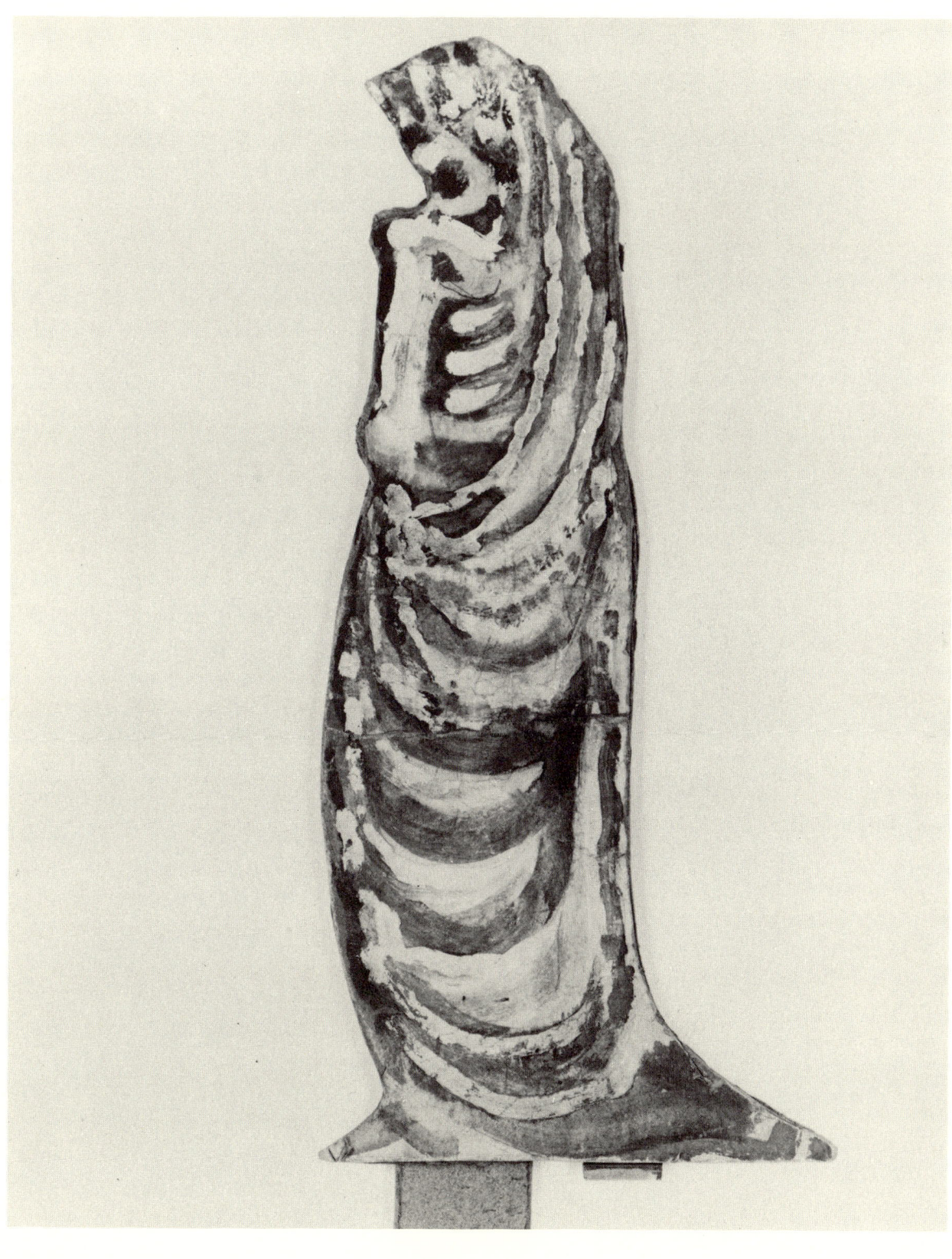

made the backstage operation both confusing and complex. Despite this unsuitability, the *Hamlet* which Craig designed and co-directed with Stanislavsky was a triumphant achievement and a turning point on the Russian stage.

Following the first visit to Moscow, Craig returned to his studio-workshop at the Arena Goldoni in Florence where he worked continuously on the play for three months. Later, Craig returned to Russia for a three month period which saw the beginning of rehearsals. By March 1910, Craig was back in Moscow again for the final period of planning the production. This time, Craig brought with him a model of the screen arrangements for each scene along with coloured cardboard figures which he used to assist him in demonstrating to the actors their movements within the scenes.

Hamlet opened at the Moscow Art Theatre on 12 January 1912 to an enthusiastic reception from audience and critics alike, and the production remained in the repertory for quite some time. In his brilliant account of his Father's life, Edward A. Craig has written: «When all was over, Craig saw that he had made many mistakes, He realized the he should never have attempted to use his screens for the play at all—it was like trying to play a piece of music on an instrument for which it was not composed. The two scenes in which there was hardly any evidence of screens were the most successful: the first Court scene, with its King in a golden cloak under which the Court sheltered, and the play scene, which was similar, with the throne at the back of the stage, but this time the courtiers were grouped round it and facing the audience, while in the foreground the 'Playactors' performed with their backs to the audience. Between the 'Playactors' and the Court, Craig had lowered the stage floor so that a deep trench was formed, with steps down into it from either side. Kachalov, who played Hamlet, found it helped him enormously to be divided from the King and Court in this way.»[5]

---

[5] *Ibid.* p. 272.

système quelque peu en contradiction avec la technique théâtrale d'alors a rendu le fonctionnement en coulisses à la fois confus et complexe. Pourtant, en dépit de cela, le *Hamlet*, dont Craig conçoit les décors et assure la mise en scène en collaboration avec Stanislavski, est un succès triomphal et marque un tournant dans l'histoire de la mise en scène russe.

Après sa première visite à Moscou, Craig retourne à son studio-atelier de l'Arena Goldoni, à Florence, où il travaille sans interruption sur la pièce pendant trois mois. Plus tard, Craig est de retour en Russie pour une période de trois mois qui voit le commencement des répétitions. En mars 1910, il revient de nouveau à Moscou pour mettre la dernière main à la préparation du spectacle. Cette fois, Craig apporte avec lui les modèles pour chaque scène, ainsi que des figures de carton coloré qu'il utilise pour aider les acteurs à visualiser les différentes scènes.

Hamlet, qui débute au Théâtre d'art de Moscou en janvier 1912, est accueilli avec enthousiasme à la fois par le public et par les critiques, et la pièce restera longtemps au répertoire. Dans son brillant ouvrage sur la vie de son père, Edward A. Craig écrit: «À la fin, Craig se rend compte qu'il a fait beaucoup d'erreurs. Il comprend qu'il n'aurait jamais dû essayer d'utiliser ses paravents pour cette pièce—c'est comme s'il s'était efforcé de jouer un morceau de musique avec un instrument pour lequel il n'a pas été composé. Les deux scènes les plus réussies sont celles où on ne voyait guère les paravents: la première scène de Cour, avec le roi en manteau doré sous lequel s'abrite l'ensemble de la Cour, et la scène identique de la pièce dans la pièce, avec le trône placé au fond de la scène; mais cette fois, les courtisans sont placés autour et font face au public, tandis qu'au premier plan, les acteurs de la pièce dans la pièce jouent, le dos tourné au public. Entre les acteurs de la pièce dans la pièce et la Cour, Craig a abaissé le plancher de la scène pour former une tranchée profonde, avec des marches qui y descendent de chaque côté. Kachalov, qui joue le rôle de Hamlet, considère

«The arrival of the Players in Act II, Scene 2, dressed in their gay colours, like so many birds flying in to bring joy to the young prince, was another success. Craig always loved this scene and had hundreds of ever changing ideas for it; their arrival always seemed to him like lovely beings coming in from another world....»[6]

«Because of the screens, he had also been forced to compromise with his original ideas for Scene 1 in Act V, the Churchyard. In Florence, he had visualized this as the interior of some mysterious catacombs, dark and low-ceilinged, which grew lighter as the funeral procession arrived with torches, and in the model he had used screens half the height of those used for the rest of the production, and entirely covered by a ceiling. But the change-over from tall to small screens for this one scene would have involved a big delay and made continuity of movement impossible.»[7]

Although it is impossible to reconstruct the event which took place at the Moscow Art Theatre on the night of 12 January 1912, it is not difficult to imagine the impact which it must have had upon the theatre of the time. The correspondent who reviewed the production for *The Times* wrote: «... the production is

[6] *Ibid.* p. 272.
[7] *Ibid.* p. 273.

que cela l'aide énormément d'être ainsi séparé du roi et de la Cour[5].»

«À l'acte II, scène 2, l'arrivée des acteurs de la pièce dans la pièce habillés de couleurs gaies, comme autant d'oiseaux venant apporter par leur vol la joie au jeune prince, est un autre succès. Craig a toujours aimé cette scène et a toujours eu des centaines d'idées nouvelles pour l'interpréter; leur entrée sur scène lui a toujours paru comme l'irruption d'êtres charmants venus d'un autre monde...[6]»

«À cause des paravents, il a également été amené à certains compromis concernant ses premières idées pour la scène 1 de l'acte V, celle du cimetière. À Florence, il se l'est représenté comme l'intérieur de catacombes mystérieuses, sombres et basses de plafond, progressivement éclairées à mesure que la procession funèbre arrive avec des torches, et dans le modèle, il a utilisé des paravents deux fois moins hauts que ceux utilisés pour le reste de la pièce et entièrement recouverts d'un plafond. Mais passer des grands aux petits paravents uniquement pour cette scène aurait nécessité un délai important et aurait rendu impossible toute continuité de mouvement[7]».

Bien qu'il soit impossible de reconstituer l'événement survenu au Théâtre d'art de Moscou le soir du 12 janvier 1912, il n'est pas dif-

[5] *Ibid.*, p. 272.
[6] *Ibid.*, p. 272.
[7] *Ibid.*, p. 273.

fig. 32
Model for Grave Scene in Hamlet, 1910
Edward A. Craig

Modèle pour la scène de la sépulture dans Hamlet, 1910
Edward A. Craig

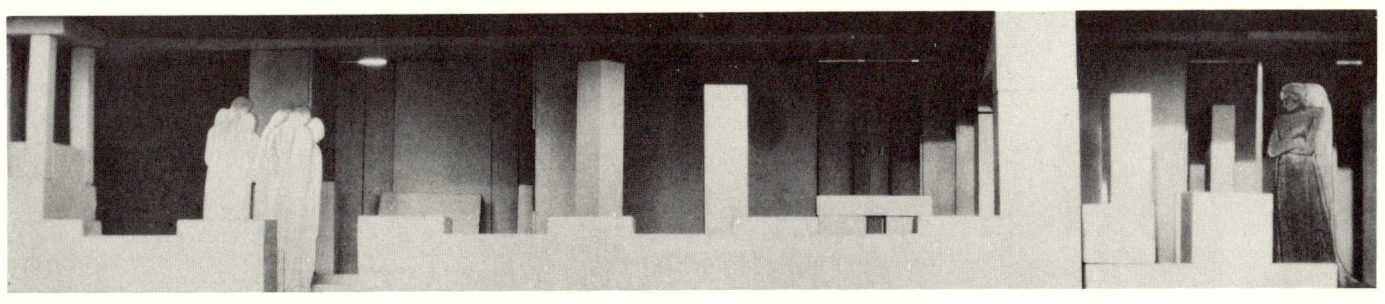

fig. 33
Model for Hamlet, 1910
Department of Special
Collections
University of California
at Los Angeles

Modèle pour Hamlet, 1910
Department of Special
Collections
University of California
à Los Angeles

fig. 34
Model for Hamlet,
Act III, Scene 3
(Variant), 1910
Edward A. Craig

Modèle pour Hamlet,
Acte III, scène 3
(variante), 1910
Edward A. Craig

fig. 35
Model for Hamlet,
Act III, Scene 3, 1910
Edward A. Craig

Modèle pour Hamlet,
Acte III, scène 3, 1910
Edward A. Craig

fig. 36
Model for Hamlet,
Act IV, Scene 5, 1910
Edward A. Craig

Modèle pour Hamlet,
Acte IV, scène 5, 1910
Edward A. Craig

a remarkable triumph for Mr Craig, and it is impossible to say how wide an effect such a completely realized success of his theories may have on the theatre of Europe...»[8] Stanislavsky himself commented in My Life and Art: «The production of Hamlet met with great success. Some people were enthusiastic, others critisized, but everybody was excited, and debated, read reports, wrote articles, while other theatres in the country quietly appropriated the ideas of Craig, publishing them as their own.»[9] Craig was later to write: «When producing great drama, I have never been concerned in any attempt to show the spectators an exact view of some historical period in architecture. I always feel that all great plays have an order of architecture which is more or less Theatrical, unreal as the play.»[10] Looking at the pictures of Hamlet models, it becomes clear that, at the very least, in Moscow Craig had indeed created a new order of dramatic architecture.

Though comparatively little evidence of the Hamlet production itself remains, Craig left a considerable legacy about Hamlet, the play, in his published work, his notebooks, and in hundreds of drawings and sketches. This legacy runs a parallel course to Craig's overall development as an artist of the theatre.

---

[8]Ibid. p. 272.
[9]Constantin Stanislavsky, My Life in Art, p. 523.
[10]Denis Bablet, Edward Gordon Craig, p. 188.

ficile d'imaginer l'effet qu'il a dû produire sur le théâtre de l'époque. Le correspondant du *Times* rend compte en ces termes du *Hamlet* présenté au Théâtre d'art de Moscou: «La mise en scène est un remarquable triomphe pour Mr. Craig, et il est impossible de prévoir quel retentissement une réalisation aussi achevée et aussi réussie de ses théories pourra avoir sur le théâtre européen[8].» Stanislavski a lui-même écrit dans *Ma Vie dans l'Art:* «La représentation eut beaucoup de succès. Partisans enthousiastes et critiques non moins ardents, tous étaient émus et excités. On discutait, on faisait des conférences, on écrivait des articles—et certains théâtres empruntaient en cachette la pensée de Craig la faisait passer pour leur propre trouvaille[9].» Craig devait écrire plus tard: «Lorsque je mets en scène une grande pièce de théâtre, je ne me soucie jamais en aucune façon de donner au spectateur une vue exacte de quelque période historique de l'architecture. J'ai toujours pensé que toutes les grandes pièces ont un ordre architectural qui leur est propre, une architecture qui est plus ou moins théâtrale, aussi irréelle que la pièce[10].» En examinant les images des modèles pour *Hamlet*, il devient manifeste qu'à tout le moins il a en effet créé un nouvel ordre d'architecture dramatique.

Bien qu'il reste relativement peu de traces de la mise en scène de *Hamlet*, par contre, sur *Hamlet*, la pièce, Craig nous a laissé de nombreux témoignages, dans ses écrits publiés, ses carnets de notes et dans des centaines de dessins et de croquis. Cet héritage suit une voie parallèle à l'évolution générale de Craig en tant qu'artiste dramatique.

---

[8]*Ibid.*, p. 272.
[9]Constantin Stanislavski: *Ma Vie dans l'Art*, p. 234.
[10]Denis Bablet: *Edward Gordon Craig*, p. 191.

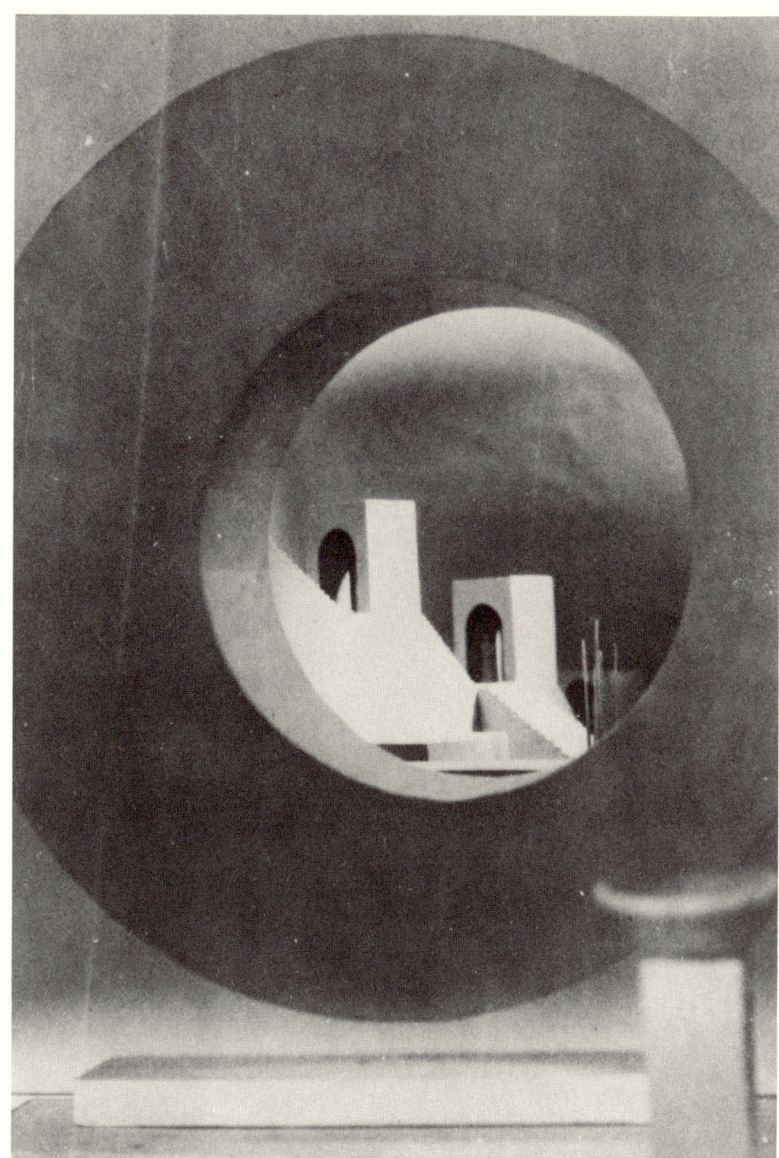

fig. 37
Model for Hamlet, 1910
Department of Special Collections
University of California at Los Angeles

Modèle pour Hamlet, 1910
Department of Special Collections
University of California à Los Angeles

fig. 38
Model for Hamlet,
Act IV, Scene 6, 1910
Department of Special
Collections
University of California
at Los Angeles

Modèle pour Hamlet,
Acte IV, scène 6, 1910
Department of Special
Collections
University of California
à Los Angeles

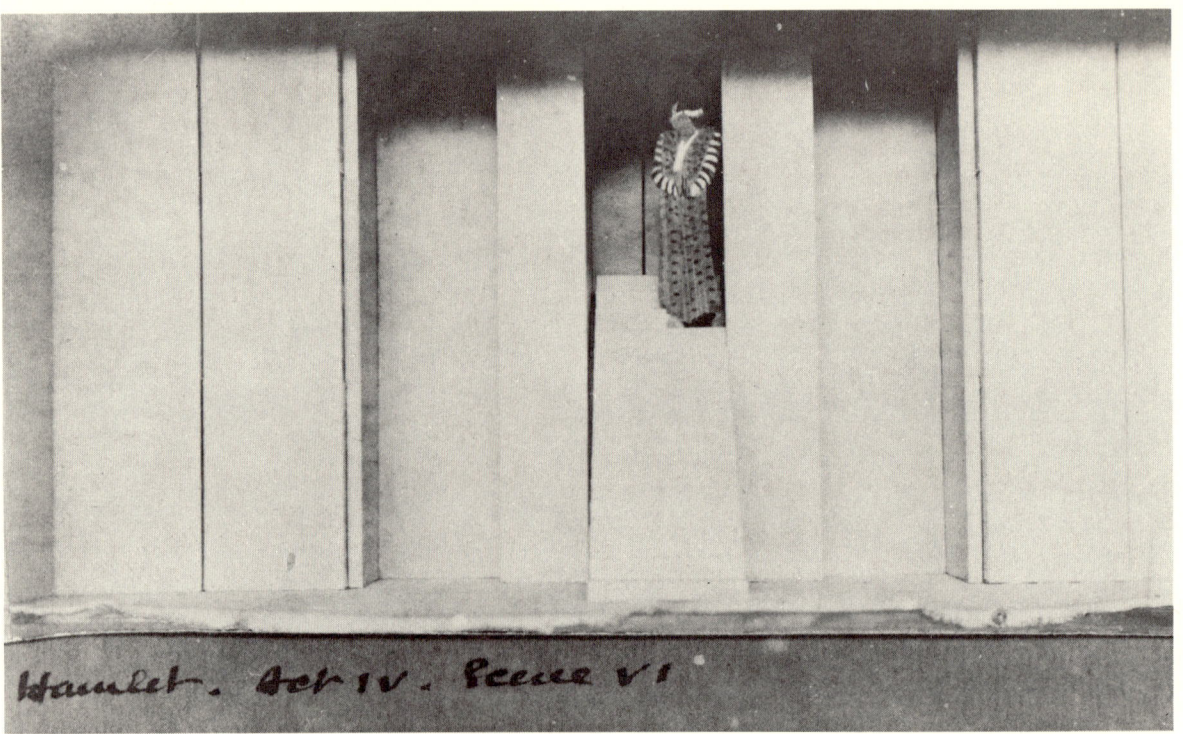

BLACK FIGURES

As an epilogue to Craig's long and intimate association with *Hamlet*, Count Harry Kessler's Cranach Press issued, in 1928, a handsome printed version of the play with illustrations by Craig. Some of these illustrations were derived directly from the figures which Craig had used to explain the *Hamlet* scenes to the Russian actors in 1910. In time, these figures came to be known as the «Black Figures» and to be regarded as examples of Craig's graphic art. But, to see these figures solely as graphic art obscures their theatrical origin. When he began to experiment with his model stage in Florence in 1907, Craig cut a number of low-relief wooden figures to provide a sense of human scale. The idea of printing from them arose quite accidently and somewhat belatedly.

The illustrations in the Cranach Press *Hamlet*, both Black Figures and woodcuts, give a rather striking, though generalized, impression of the costume effects which Craig tried to create for the play.

FIGURES NOIRES

En épilogue à sa fréquentation longue et intime avec le drame de *Hamlet*, la Cranach Press du comte Harry Kessler a publié en 1929 une belle version imprimée de la pièce accompagnée d'illustrations de Craig. Un grand nombre de ces illustrations s'inspirent des figures de carton que Craig a utilisées pour expliquer les scènes de *Hamlet* aux acteurs russes en 1910. Avec le temps, ces figures en sont venues à être connues sous le nom de «figures noires» et à être considérées comme des exemples de l'art graphique de Craig. Mais, envisager ces figures uniquement comme art graphique, c'est masquer qu'à l'origine elles sont faites pour le théâtre. Lorsqu'il commence à expérimenter son modèle de scène à Florence en 1907, Craig découpe un certain nombre de figures de bois en bas-relief pour donner le sens de l'échelle humaine. L'idée d'en tirer des gravures ne lui est venue que tout à fait par hasard et quelque peu tardivement. Toutes les illustrations de *Hamlet* de la Cranach Press, les «figures noires» ainsi que les gravures sur bois donnent une impression plutôt frappante, encore que généralisée, des effets de costumes que Craig a cherché à obtenir pour la pièce.

fig. 39
Illustration for the
Cranach Press Hamlet,
Bird Dancer,
woodcut   1914
The National Gallery
of Canada, Ottawa
(7143)

Illustration tirée du
Hamlet de la Cranach Press,
l'Oiseau danseur
(gravure sur bois)   1914
Galerie nationale
du Canada, Ottawa (7134)

fig. 40
Illustration from the Cranach Press Hamlet,
Second Gravedigger,
woodcut 1913
The National Gallery
of Canada, Ottawa
(7126)

Illustration tirée du
Hamlet de la Cranach Press,
le Deuxième fossoyeur
(gravure sur bois) 1913
Galerie nationale
du Canada, Ottawa (7126)

fig. 41
Illustration from the
Cranach Press Hamlet,
The Uncle King Claudius,
woodcut 1913
The National Gallery
of Canada, Ottawa
(7124)

Illustration tirée du
Hamlet de la Cranach Press,
Claudius (gravure sur bois) 1913
Galerie nationale
du Canada, Ottawa (7124)

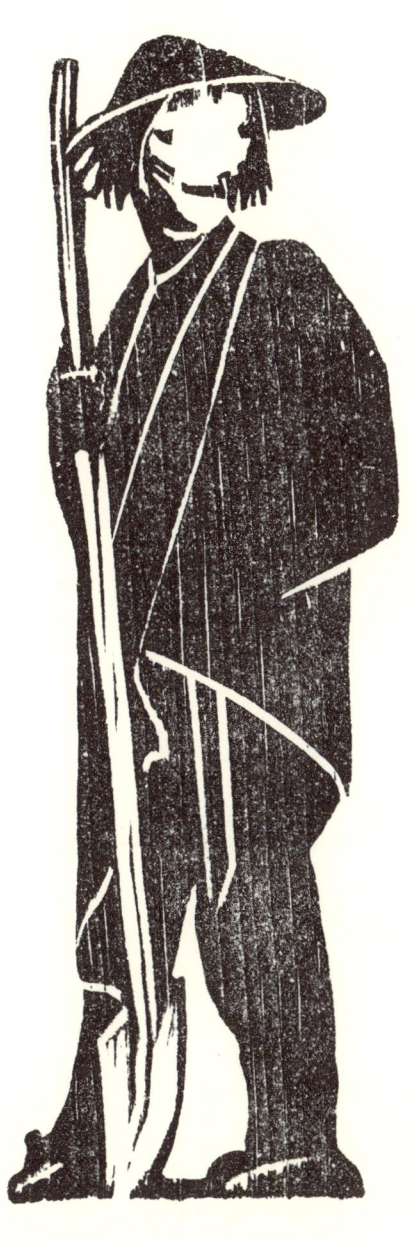

fig. 42
Illustration from the
Cranach Press Hamlet,
Hamlet, woodcut 1928
The National Gallery
of Canada, Ottawa
(7141)

Illustration tirée du
Hamlet de la Cranach Press,
Hamlet, 1928
Galerie nationale
du Canada, Ottawa (7141)

fig. 43
Illustration from the
Cranach Press Hamlet,
Hamlet and Daemon,
woodcut   1909
The National Gallery
of Canada, Ottawa
(7115)

Illustration tirée du
Hamlet de la Cranach Press,
Hamlet et le démon
(gravure sur bois)   1909
Galerie nationale
du Canada, Ottawa (7115)

fig. 44
Illustration from the
Cranach Press Hamlet,
The Ghost, woodcut   1912
The National Gallery
of Canada, Ottawa
(7125)

Illustration tirée du
Hamlet de la Cranach Press,
Le fantôme
(gravure sur bois)   1912
Galerie nationale
du Canada, Ottawa (7125)

Edward Gordon Craig's accomplishments extend far beyond the scope of this brief introduction to his work, though the foregoing summary of events which led him to design *Hamlet* for Stanislavsky is intended to point directly to his greatest achievements. Now, nearly seventy years after the most fecund period of Craig's life, it is a tribute to the power of his imagination that he has been a continual source of inspiration to the modern theatre and that his vision of the theatre of the future remains both vital and, as yet, unfulfilled.

L'apport d'Edward Gordon Craig déborde de beaucoup les limites de cette brève introduction à son œuvre, bien que le résumé précédent des événements qui l'ont amené à concevoir les décors de *Hamlet* pour Stanislavski ait pour but de mettre directement l'accent sur ses plus grandes réalisations. Aujourd'hui, presque soixante-dix ans après la période la plus féconde de la vie de Craig, c'est un hommage rendu à la puissance de son imagination que de dire qu'il est une source permanente d'inspiration pour le théâtre moderne et que sa vision du théâtre de l'avenir reste à la fois vitale et inachevée.

fig. 45
A frozen moment from Scene, etching   1907
Donald Oenslager Collection,
Yale University

Une phase dans Scene (eau-forte)   1907
Collection Donald Oenslager,
université Yale

OVERLEAF
VERSO

fig. 46
Gordon Craig on the steps
in his garden in Genoa,
1925
Bibliothèque nationale,
Paris

Gordon Craig sur les
marches dans son jardin
à Gênes, 1925
Bibliothèque nationale,
Paris

CHRONOLOGY   CHRONOLOGIE

January 16 Born in Stevenage, Hertfordshire, England, the natural son of Ellen Alice Terry, actress, and Edward William Godwin, architect, theatre critic, designer, and director.	16 janvier – Naît à Stevenage (Hertfordshire), Angleterre, fils naturel d'Ellen Alice Terry, actrice, et de Edward William Godwin, architecte, critique de théâtre, décorateur et metteur en scène.	1872
First appearance on stage, a brief non-speaking part in Olivia, with Ellen Terry in the title role.	Première apparition sur scène; bref rôle de figuration dans Olivia, avec Ellen Terry dans le rôle-titre.	1878
October 6 Godwin dies having been separated from Ellen Terry since 1875.	6 octobre – Godwin meurt; il vivait séparé d'Ellen Terry depuis 1875.	1886
London debut with Irving's Lyceum Company as Arthur de Saint Valéry in The Dead Heart.	Débuts londoniens avec la Lyceum Company de Henry Irving dans le rôle d'Arthur de Saint-Valéry dans The Dead Heart.	1889
Alternates between roles with Irving's Lyceum Company and roles with various touring companies. Plays Hamlet for five different companies.	Joue pour la Lyceum Company et différentes troupes itinérantes. Interprète Hamlet pour cinq différentes troupes.	1890-1897
Visits Hubert von Herkomer's art school in Bushey, Hertfordshire.	Se rend à l'Art School de Hubert von Herkomer à Bushey (Hertfordshire).	1892
Meets William Nicholson and James Pryde (The Beggarstaff Brothers). Produces No Trifling With Love in Uxbridge, the first production for which he has complete responsibility; plays Perdican, designs scenes, helps in construction and painting, directs the play.	Début de sa collaboration avec William Nicholson et James Pryde (The Beggarstaff Brothers). Monte On ne badine pas avec l'amour à Uxbridge, première mise en scène dont il ait l'entière responsabilité; interprète le rôle de Perdican, conçoit le décor des scènes, apporte son concours à la construction et à la peinture, dirige la mise en scène de la pièce.	1893
Returns to the Lyceum for his final season with Irving.	Retourne à la Lyceum Company pour sa dernière saison avec Irving.	1896
Performs in two plays in Croydon under his own management. Meets the musician Martin Shaw. Ends his career as an actor.	Joue à Croydon dans deux pièces qu'il a lui-même montées. Rencontre Martin Shaw, musicien. Met fin à sa carrière d'acteur.	1897
Begins publishing career with The Page, a magazine devoted to the arts.	Commence la publication de The Page, magazine consacré aux arts.	1898
Produces, designs, and directs Henry Purcell's Dido and Aeneas.	Monte, dessine les décors et met en scène Didon et Énée de Henry Purcell.	1900
Re-presents Dido and Aeneas at Coronet Theatre, London, along with The Masque of Love.	Présente à nouveau Didon et Énée au Coronet Theatre de Londres, ainsi que Le Masque de l'Amour.	1901
Craig and Shaw collaborate again on Handel's Acis and	Craig et Shaw collaborent de nouveau pour monter Acis	1902

Galatea at the Great Queen Street Theatre, London, on a bill with The Masque of Love.

Directs and designs Laurence Housman's nativity play, Bethlehem.

1903
Designs two scenes and costumes for Fred Terry's production For Sword and Song, Shaftesbury Theatre, London.

Directs and designs Ibsen's The Vikings of Helgeland at the Imperial Theatre, London, with Ellen Terry as Hjordis; follows this production with Much Ado about Nothing at the same theatre.

Meets Count Harry Kessler.

1904
Leaves Britain to design Otway's Venice Preserved for Otto Brahm at the Lessing Theatre in Berlin; project only partially realized.

Meets Isadora Duncan.

1905
Designs von Hofmannsthal's Elektra for Eleonora Duse; never produced.

Writes The Art of the Theatre which establishes him as a theatrical reformer.

October 13 Henry Irving dies.

1906
Designs Ibsen's Rosmersholm for Eleonora Duse, which plays one performance only, at the Pergola Theatre in Florence; first visit to Italy; writes first notes for the moving scene.

1907
A year of prodigious output: writes «The Actor and the Über-Marionette» and «The Artists of the Theatre of the Future»; and creates huge model for experiments with screens; etches fifteen moments of arrested motion of the moving scene; makes bas-relief figures for his experimental model; prints these later as the first «Black Figures»; establishes a base in Florence.

1908
First four issues of The Mask, a monthly journal of the art of the theatre, are completed; the first number appears in March.

Invited by Stanislavsky to collaborate on a production at the Moscow Art Theatre and journeys to Moscow for discussions.

Returns to Florence where he rents the disused, classical-type open-air theatre, the Arena Goldoni, as his studio-workshop, the offices of The Mask, and the home of his proposed school; three months intensive work on Hamlet.

et Galatée de Haendel au Great Queen Street Theatre de Londres; le programme comprend également Le Masque de l'Amour.

Conçoit la mise en scène et les décors du miracle de Laurence Housman Bethléem.

Dessine les décors de trois scènes et les costumes pour For Sword and Song montée par Fred Terry au Shaftesbury Theatre de Londres.

Conçoit la mise en scène et les décors des Guerriers à Helgeland d'Ibsen à l'Imperial Theatre de Londres, avec Ellen Terry dans le rôle de Hjordis; puis, monte Beaucoup de bruit pour rien au même théâtre.

Rencontre le comte Harry Kessler.

Quitte l'Angleterre pour dessiner les décors de Venise sauvée d'Otway pour Otto Brahm au Lessing Theatre de Berlin; le projet n'est que partiellement réalisé.

Rencontre Isadora Duncan.

Dessine les décors d'Électre de von Hofmannsthal pour Eleonora Duse; le spectacle n'a jamais lieu.

Écrit The Art of the Theatre (De l'Art du théâtre, traduit en 1916) qui établit sa réputation de réformateur du théâtre.

13 octobre – Mort d'Henry Irving.

Dessine les décors de Rosmersholm d'Ibsen pour Eleonora Duse, qui prend l'affiche au théâtre de la Pergola de Florence; premier voyage en Italie; écrit des notes pour la scène mobile.

Année prodigieusement féconde – Écrit The Actor and the Über-Marionette (L'Acteur et la Sur-marionnette, traduit en 1916); crée un vaste modèle pour effectuer des expériences avec les paravents; grave à l'eau-forte quinze moments qui figent le déplacement successif de la scène mobile; exécute des figures en bas-relief pour son modèle expérimental; par la suite, il en tire des épreuves: ce sont les premières «figures noires»; établit un de ses lieux de travail à Florence.

Les quatres premiers numéros de The Mask, journal mensuel sur l'art théâtral, sont achevés; le premier paraît en mars.

Invité par Stanislavski pour collaborer à une production, il se rend à Moscou pour des entretiens.

Retourne à Florence où il loue l'Arena Goldoni, théâtre abandonné, de style classique et en plein air; il s'en sert comme studio-atelier, siège de The Mask et lieu de l'école qu'il se propose de créer; il s'ensuit trois mois de travail intensif sur Hamlet.

Three months with Stanislavsky in St. Petersburg and Moscow.	Passe trois mois en compagnie de Stanislavski à Saint-Pétersbourg et Moscou.	1909
Gives model screens to W. B. Yeats and permission to build full scale version for the Abbey Theatre in Dublin.	Donne des paravents modèles à W. B. Yeats et lui accorde l'autorisation d'en construire des versions en grand pour l'Abbey Theatre de Dublin.	
A further two months in Moscow with Stanislavsky working on *Hamlet*.	Deux autres mois passés à Moscou avec Stanislavski pour travailler sur *Hamlet*.	1910
First use ever of screens in production, Abbey Theatre, Dublin, in W. B. Yeat's *The Hour Glass* and Lady Gregory's *The Deliverer*.	Première utilisation de paravents dans un spectacle pour la production de *The Hour Glass* de W. B. Yeats et de *The Deliverer* de Lady Gregory, à l'Abbey Theatre de Dublin.	1911
Publication of major literary work, *On the Art of the Theatre*, which has enormous impact on the theatre throughout the world then and since.	Publication d'une œuvre littéraire majeure *On the Art of the Theatre* (*De l'Art du théâtre*, publié en 1942) qui, à cette date et depuis lors, exerce une influence considérable sur le théâtre dans le monde entier.	
Journeys to Moscow for Hamlet opening 12 January 1912.	Voyage à Moscou pour la première de *Hamlet* le 12 janvier 1912.	
Count Kessler proposes that his Cranach Press publish an edition of *Hamlet* illustrated by Craig.	Le comte Kessler propose que sa Cranach Press publie une édition de *Hamlet* illustrée par Craig.	1912
Towards A New Theatre published.	Publication de *Towards a New Theatre*.	1913
Announces the opening of The School for the Art of the Theatre in Florence.	Annonce l'ouverture de l'école de l'art du théâtre à Florence.	
Meets Adolphe Appia for the first time briefly in Zurich.	Brève rencontre avec Adolphe Appia pour la première fois à Zurich.	1914
Completes the large model for Bach's *Saint Matthew Passion*; outbreak of the First World War causes the closing of the school and the abandoning of the Arena Goldoni.	Achève le grand modèle pour *La Passion selon saint Matthieu* de Bach; le début de la Première Guerre mondiale provoque la fermeture de l'école et l'abandon de l'Arena Goldoni.	
Turns to the study of theatre history.	Se tourne vers l'étude de l'histoire du théâtre.	1915
Begins to publish *The Mask* again; also begins to publish *The Marionette*.	Commence de nouveau à publier *The Mask* et *The Marionette*.	1918
The Theatre Advancing published.	Publication du *The Theatre Advancing* (*Le Théâtre en marche*, publié en 1964).	1919
Resumes work on Cranach Press *Hamlet*.	Reprend le travail pour *Hamlet* publié par la Cranach Press.	1922
Scene published.	Publication de *Scene*.	1923
Woodcuts and Some Words and *Nothing, or the Book-plate* published.	Publication de *Woodcuts and Some Words* et *Nothing, or the Book-plate*.	1924
Books and Theatres published.	Publication de *Books and Theatres*.	1925
Designs Ibsen's *The Crown Pretenders* for the Royal Theatre, Copenhagen.	Dessine les décors des *Prétendants à la couronne* d'Ibsen au Théâtre royal de Copenhague.	1926

1928	July 21 Ellen Terry dies.	21 juillet – Mort d'Ellen Terry.
	Prepares sketches and designs of *Macbeth* for New York.	Prépare des croquis et des décors pour *Macbeth* pour New York.
1930	First edition of Cranach Press *Hamlet* published, in English; the German edition appeared in 1928.	Publication de la première édition en Anglais de *Hamlet* de la Cranach Press, l'édition en Allemand est parue en 1928.
	Henry Irving published; and later that year, A Production—1926 (*The Crown Pretenders*).	Publication de *Henry Irving*; et ultérieurement la même année de A Production—1926 (*les Prétendants à la couronne*).
1931	*Ellen Terry and Her Secret Self* published.	Publication de *Ellen Terry and Her Secret Self*.
1934	Accepts invitation to the Volta Congress on theatre and drama.	Accepte l'invitation à se rendre au congrès de Volta sur le théâtre et l'art dramatique.
1956	Named Companion of Honour by Queen Elizabeth II.	Nommé «Companion of Honour» par Elisabeth II.
1957	*Index to the Story of My Days* published.	Publication de *Index to the Story of My Days* (*Ma vie d'homme de théâtre*, publié en 1962).
1966	July 29 Dies in Vence, France, in his 94th year.	29 juillet – Meurt paisiblement à Vence, en France, à l'âge de 94 ans.

BIBLIOGRAPHY / BIBLIOGRAPHIE

Bablet, Denis. *Edward Gordon Craig.*
   London: Heinemann, 1966.
— «Edward Gordon Craig and Scenography.»
   Theatre Research, vol. XI, no. 1 (1969), pp. 7–22.
Bibliothèque nationale. *Gordon Craig et le renouvellement du theatre.*
   Paris: Bibliothèque nationale, 1962.
Brook, Peter. «The Influence of Gordon Craig in Theory and Practice.»
   Drama, vol. XXXVII (Summer 1955), pp. 32–36.
Craig, Edward Anthony. *Gordon Craig: The Story of His Life.* New York: Knopf, 1968.
— «Gordon Craig and Hubert von Herkomer.»
   Theatre Research, vol. X, no. 1 (1969), pp. 7–16.
— «Gordon Craig and Bach's St. Matthew Passion,»
   Theatre Notebook, vol. XXVI, no. 4 (Summer 1972), pp. 147–151.
Craig, Edith, and St. John, Christopher.
   Ellen Terry's Memoirs. London: Gollancz, 1933.
Craig, Edward Gordon. *The Art of the Theatre.*
   London: Foulis, 1905.
— *Books and Theatres.*
   London and Toronto: Dent, 1925.
— *Ellen Terry and Her Secret Self.*
   London: Sampson Low, Marston, 1931.
— *Henry Irving.* London: Dent, 1930.
— *Index to the Story of My Days.*
   London: Hulton, 1957.
— *Nothing—Or the Book-Plate.*
   London: Chatto and Windus, 1925.
— *On the Art of the Theatre.*
   London: Heinemann, 1911.
— *A Production—1926.*
   London: Oxford University Press, 1930.
— *Scene.* London: Oxford University Press, 1923.
— *The Theatre Advancing.*
   Boston: Little, Brown, 1919.
— *Towards a New Theatre.*
   London and Toronto: Dent, 1913.
— *The Mask: A Journal of the Art of the Theatre.*
   Florence: The Mask, 1908–1915, 1918–1919, 1923–1929.
— *Woodcuts and Some Words.*
   London and Toronto: Dent, 1924.
Duncan, Irma. *Duncan Dancer: An Autobiography.*
   Middletown: Wesleyan, 1966.
Duncan, Isadora. *My Life.* London: Gollancz, 1928.
Eliot, Thomas Stearns. «Gordon Craig's Socratic Dialogues,» *Drama*, vol. XXXVI (Spring 1955), pp. 16–21.
Fletcher, Ifan Kyrle and Rood, Arnold.
   Edward Gordon Craig: A Bibliography.
   London: Society for Theatre Research, 1967.

Bablet (Denis): *Edward Gordon Craig,*
   L'Arche, Paris, 1962.
— *Edward Gordon Craig and Scenography,*
   dans *Theatre Research*, vol. XI, n° 1 (1969), p. 7–22.
Bibliothèque nationale: *Gordon Craig et le renouvellement du théâtre,*
   Bibliothèque nationale, Paris, 1962.
Brook (Peter): *The Influence of Gordon Craig in Theory and Practice,*
   dans *Drama*, vol. XXXVII (été 1955), p. 32–36.
Craig (Edward Anthony): *Gordon Craig: The Story of His Life,* Knopf, New York, 1968.
— *Gordon Craig and Hubert von Herkomer,*
   dans *Theatre Research*, vol. X, n° 1 (1969), p. 7–16.
— *Gordon Craig and Bach's St. Matthew Passion,*
   dans *Theatre Notebook*, vol. XXVI, n° 4, (été 1972), p. 147–151.
Craig (Edith) et St. John (Christopher):
   Ellen Terry's Memoirs, Gollancz, Londres, 1933.
Craig (Edward Gordon): *De l'Art du théâtre,*
   O. Lieutier, Paris, 1942.
— *Books and Theatres,*
   Dent, Londres et Toronto, 1925.
— *Ellen Terry and Her Secret Self,*
   Sampson Low, Marston, Londres, 1931.
— *Henry Irving,* Dent, Londres, 1930.
— *Ma vie d'homme de théâtre,*
   Arthaud, Grenoble, 1962.
— *Nothing—Or the Book-Plate,*
   Chatto and Windus, Londres, 1925.
— *On the Art of the Theatre,*
   Heinemann, Londres, 1968.
— *A Production—1926,* Oxford University Press, Londres, 1930.
— *Scene,* Oxford University Press, Londres, 1923.
— *Le Théâtre en marche,* Gallimard, Paris, 1964.
— *Towards a New Theatre,*
   Dent, Londres et Toronto, 1913.
— *The Mask: A Journal of the Art of the Theatre,*
   Florence: The Mask, 1908–1915, 1918–1919, 1923–1929.
— *Woodcuts and Some Words,*
   Dent, Londres et Toronto, 1924.
Duncan (Irma): *Duncan Dancer: An Autobiography,*
   Wesleyan, Middletown, 1966.
Duncan (Isadora): *Ma vie,* Gallimard, Paris, 1969.
Eliot (Thomas Stearns): *Gordon Craig's Socratic Dialogues,* dans *Drama*, vol. XXXVI (printemps 1955), p. 16–21.
Fletcher (Ifan) et Rood (Arnold):
   Edward Gordon Craig: A Bibliography,
   Society for Theatre Research, Londres, 1967.

Genthe, Arnold. *Isadora Duncan*.
   New York and London: Mitchell Kennerly, 1929.
Harbron, Dudley. *The Conscious Stone: The Life of
   Edward William Godwin*. London: Latimer, 1949.
Hewitt, Barnard. «Gordon Craig and Post-Impressionism,»
   Quarterly Journal of Speech, vol. XXX (February 1944),
   pp. 75–79.
Irving, Laurence. *Henry Irving*. London: Faber, 1951.
Leeper, Janet. *Edward Gordon Craig: Designs for
   the Theatre*. Harmondsworth: Penguin, 1948.
Magarshak, David. *Stanislavsky, A Life*.
   London: MacGibbon and Kee, 1950.
Marotti, Ferruccio. *Gordon Craig*.
   Bologna: Cappelli, 1961.
Nash, George. *Edward Gordon Craig*.
   London: H.M.S.O., 1967.
Osanai, Kaoru. «Gordon Craig's Production of Hamlet
   at the Moscow Art Theatre,»
   Translated with an introduction by Andrew T. Tsubaki,
   Educational Theatre Journal, vol. XX (December 1968),
   pp. 586–593.
Raeburn, Henzie. «Meetings with Gordon Craig,»
   Drama, vol. LXXXII (Autumn 1966), pp. 42–43.
Richler, Mordecai. «Gordon Craig,»
   Vogue, vol. CXLV
   (January 1, 1965), pp. 128–129 and 155–157.
Rood, Arnold. «After the Practise the Theory:
   Gordon Craig and Movement,»
   Theatre Research,
   vol. XI, no. 2–3 (1970), pp. 81–101.
— *Edward Gordon Craig: Artist of the Theatre
   1872–1966. A Memorial Exhibition*.
   With an introduction by Donald Oenslager.
   New York: New York Public Library, 1967.
Seroff, Victor. *The Real Isadora*.
   New York: Dial, 1971.
Shakespeare, William. *The Tragedie of Hamlet Prince
   of Denmarke*. Illustrated by Edward Gordon Craig.
   Weimar: The Cranach Press, 1930.
Shaw, Martin Fallas. *Up to now*. London: O.U.P., 1929.
Stanislavsky, Constantin, *My life in Art*.
   Boston: Little, Brown, 1924.
Steegmuller, Francis, ed. *Your Isadora: The Love Story
   of Isadora Duncan and Gordon Craig*.
   New York: Random House and New York Public
   Library, 1974.
Steen, Marguerite. *A Pride of Terrys*.
   London: Longmans, 1962.
St. John, Christopher, ed. *Ellen Terry and Bernard
   Shaw—A Correspondence*. London: Reinhardt, 1949.

Genthe (Arnold): *Isadora Duncan*,
   Mitchell Kennerly, New York et Londres, 1929.
Harbron (Dudley): *The Conscious Stone: The Life of
   Edward William Godwin*, Latimer, Londres, 1945.
Hewitt (Barnard): *Gordon Craig and Post-Impressionism*,
   dans *Quarterly Journal of Speech*, vol. XXX
   (février 1944), p. 75–79.
Irving (Laurence): *Henry Irving*, Faber, Londres, 1951.
Leeper (Janet): *Edward Gordon Craig: Designs for
   the Theatre*, Penguin, Harmondsworth, 1948.
Magarshak (David): *Stanislavsky, A Life*,
   MacGibbon and Kee, Londres, 195 .
Marotti (Ferrucio): *Gordon Craig*,
   Cappelli, Bologne, 1961.
Nash (George): *Edward Gordon Craig*,
   H.M.S.O., Londres, 1967.
Osanai (Kaoru): *Gordon Craig's Production of Hamlet
   at the Moscow Art Theatre*,
   traduction et introduction d'Andres T. Tsubaki,
   dans *Educational Theatre Journal*, vol. XX
   (décembre 1968), p. 586–593.
Raeburn (Henzie): *Meetings with Gordon Craig*,
   dans *Drama*, vol. LXXXII (automne 1966), p. 42–43.
Richler (Mordecai): *Gordon Craig*, dans *Vogue*,
   vol. CXLV (1er janvier 1965), p. 128–129 et 155–157.
Rood (Arnold): '*After the Practise the Theory*':
   Gordon Craig and Movement, dans *Theatre Research*,
   vol. XI, n° 2–3 (1970), p. 81–101.
— *Edward Gordon Craig: Artist of the Theatre
   1872–1966. A Memorial Exhibition*,
   introduction de Donald Oenslager,
   New York Public Library, New York, 1967.
Seroff (Victor): *The Real Isadora*,
   Dial, New York, 1971.
Shakespeare (William): *The Tragedie of Hamlet Prince
   of Denmarke*, illustrations d'Edward Gordon Craig,
   The Cranach Press, Weimar, 1930.
Shaw (Martin Fallas): *Up to now*; O.U.P., Londres, 1929.
Stanislavski (Constantin): *Ma Vie dans l'Art*,
   Albert, Paris, 1934.
Steegmuller (Francis) (éd.): *Your Isadora: The Love
   Story of Isadora Duncan and Gordon Craig*,
   Random House et la New York Public Library,
   New York, 1974.
Steen (Marguerite): *A Pride of Terrys*,
   Longmans, Londres, 1962.
St. John (Christopher) (éd.): *Ellen Terry and Bernard
   Shaw—A Correspondence*, Reinhardt, Londres, 1949.

PHOTOGRAPH SOURCES

Photographs supplied by owners
with the following exceptions:
Peter A. Juley and Son, New York, 19, 20, 45;
The National Gallery of Canada, Ottawa,
6, 8, 9, 10, 11, 13, 14, 15, 16, 18, 21, 26.

PROVENANCE DES PHOTOGRAPHIES

Les photographies proviennent des
propriétaires sauf les suivantes:
Galerie nationale du Canada, Ottawa,
6, 8, 9, 10, 11, 13, 14, 15, 16, 18, 21, 26;
Peter A. Juley and Son, New York, 19, 20, 45.

DESIGN/GRAPHISTE
FRANK NEWFELD
PRINTING/IMPRESSION
THE HUNTER ROSE COMPANY